Andrea Bartolucci

Il Nemico mi ha reso Libero

Falco M. Edizioni

Marchio di proprietà della società Elegre srls
Via Galluppi, 61
87100 Cosenza
Tel. 3396038484

Finito di stampare nel mese di settembre 2020

Prefazione

Tutti noi siamo influenzati dall'ambiente che ci circonda e dalle persone che incontriamo durante il nostro percorso di vita, le quali, per quanto il carattere che ci contraddistingue possa essere forte e determinato, inevitabilmente ci condizionano.

Le singolari abilità possedute da alcune di queste ci rendono ciechi, o meglio, ci fanno vedere quello che loro vogliono.

Diventiamo così dei pupi manovrati a loro piacimento, alimentati dalla "bramosia del meglio".

Conoscere i propri limiti è una virtù che pochi hanno, i più sono condizionati e plagiati da fantomatici "gatti e volpi", e si ritrovano a rivestire, loro malgrado, il ruolo di Pinocchio. Per questi poveretti, i cinque zecchini d'oro non diventeranno mai duemila, come promesso, e il campo dei miracoli non potrà mai renderli ricchi.

Nigiel Hopkins avrà l'abilità di entrare nella vostra vita, condizionarla, stravolgerla, devastarla, lui si nutrirà di voi e vi farà male, tanto male.

Sta a voi decidere da che parte stare, sta a voi scegliere, ma state bene attenti a non dimenticare che il diavolo ha mille forme, mille aspetti, si presenterà a voi plagiandovi, punterà dritto al vostro orgoglio, farà sì che la vostra presunzione prenda il sopravvento sulla vostra ambizione, vi farà sentire invincibili, nessuno sarà più alla vostra altezza.

Poveri ciechi... non dimenticate che dopo tutto il diavolo rimane sempre il diavolo e la sua carezza non sarà mai fine a se stessa, in cambio pretenderà la vostra anima e, statene certi, ve la farà sputare, annientando voi e chi vi sta vicino.

Non so come si viva una vita spensierata,
una vita senza problemi,
non lo so proprio e non lo voglio sapere…

Si pensa sempre che il destino sistemerà le cose, che troveremo un lavoro fantastico, che ci compreremo una bella macchina, una bellissima casa e che vivremo sempre felici e contenti con la nostra famiglia... Bravi continuate a pensarlo, tra cinquant'anni aspetterete ancora che il destino sistemi le cose!

Se volete una bella casa, una bella macchina e una bella famiglia, se vorrete vederla serena e felice, dovrete prendere a morsi la vita e... dovranno essere morsi belli grossi, altrimenti avrete una vita di merda, come la maggior parte delle persone che vi circondano.

La differenza la fa sempre la fame; avete fame? Bene, avrete un motivo in più per impegnarvi su quello che state facendo e sull'obbiettivo che vi siete prefissati.

Da ragazzino ero un tipo abbastanza sveglio, direi molto più sveglio della media, né bello né brutto, ero attratto da tutto ciò che non mi potevo permettere e che i miei non mi potevano comprare.

Mi chiamo Henry O’Neill
e questa è la mia storia

I

Dublino 2009, fresco di laurea in economia, presa con il massimo dei voti e la lode, al NUI (National College of Ireland), scannato come pochi, completamente al verde, ma con tantissima voglia di affrontare la vita e fare molti soldi.

Sono sempre stato distinto, elegante ed educato, questo succedeva soprattutto fuori casa, visto che con i miei ero un vero stronzo, ce l'avevo con loro perché mi avevano messo al mondo e lo avevano fatto facendomi nascere povero.

L'università me la sono pagata io, facendo il barista in un pub nel quartiere Temple Bar, grande quartiere, grandi sbornie e grandissimi figli di puttana. Noi irlandesi siamo gente alla buona, dal cuore tenero, e dalla volontà ferrea, se ci mettiamo in testa una cosa non c'è verso di smuoverci, al bisogno siamo duri come la pietra.

Non ho mai fatto una rissa, anzi, a pensarci bene non ho nemmeno mai fatto a pugni uno contro uno, da noi, e soprattutto tra ragazzi, le scazzottate sono, all'ordine del giorno. Qualcuno per questo avrà pensato anche che fossi un fifone o peggio… ma non lo sono, è soltanto che a me piace risolvere i problemi parlando, mettendo in moto il cervello, sempre che dall'altra parte ce ne sia uno.

Al GB "GOLD BALL", il pub dove lavoravo, ho conosciuto Mik, che in una sera era capace di scolarsi otto birre da mezzo litro e otto whisky. Per tutto il tempo che ho lavorato lì, più di quattro anni, l'avrò visto andar via senza barcollare dieci volte, siamo diventati amici, molto amici e lo siamo ancora. Mik aveva un talento che gli invidiavo molto, dipingeva da dio, sapeva cogliere e rappresentare l'anima della gente, i suoi quadri erano vivi, ti parlavano, ti facevano compagnia, l'acqua ti bagnava e il fuoco ti scaldava, i quadri di Mik erano emozione pura.

La mia vita scorreva noiosamente, si divideva tra lo studio e il lavoro, con le continue prediche di mio padre e mia madre: per loro tornavo troppo tardi la sera, si dimenticavano che facevo il barista e che non gli chiedevo mai un euro. Mi piaceva lavorare al GB, le sere non erano mai una uguale all'altra. Lo frequentavano un po' tutti, le classi sociali si mescolavano e scomparivano nella birra e nel whisky. Uomini d'affari, belle ragazze, disoccupati, studenti e operai, questa era la platea che mi vedeva esibire tutte le sere dietro al bancone, loro erano il mio pubblico e io il loro showman. Li osservavo, cercavo di comprendere come vivevano, li invidiavo, alcuni li detestavo, mentre altri non li capivo.

L'uomo che mi ha cambiato la vita, non l'avevo mai visto al GB… era la vigilia di Natale del 2008, frequentavo il mio ultimo anno di college. Mi diedi dello stupido, perché fino a quel momento, nelle mie perlustrazioni, non mi ero accorto di lui; la serata era finita e stavo chiudendo il pub, pulivo il bancone come un assatanato, perché le cose mi piace farle bene, in fondo il tempo è lo stesso che si impiega a farle male e allora tanto vale farle bene. In un angolo vicino al bagno c'era lui, un signore distinto, ben vestito, aveva bevuto troppo! Bezzy, la puttana del quartiere, se lo stava già lavorando, in men che non si dica gli aveva sfilato il portafoglio e il Vacheron Constantin che portava al polso, un orologio più o meno da trentamila euro.

Tra me e me pensavo che Bezzy si stesse facendo un bel regalo di Natale, pertanto feci finta di non vedere niente e continuai a fare quello che avevo iniziato. Mentre ero intento a scorticare quel bancone, un lampo mi attraversò il cervello: d'impulso afferrai Bezzy per un braccio, era mezza ubriaca anche lei, le dissi che dovevamo dividere a metà quanto aveva rubato. Lei non ne voleva sentir parlare… era tutto suo… dopo un bel po' di strattoni e spintoni, mi lanciò l'orologio e mi mandò a fare in culo, la furbastra si tenne il portafoglio, all'interno c'erano le carte di credito e millequattrocento euro in contanti, li aveva contati sfregandosi le mani. Per fortuna una puttana rimane sempre una puttana, quindi prese i soldi e se ne andò senza pensare all'orologio, per lei era un semplice accessorio senza valore.

Io, invece, avevo ottenuto quello che volevo, mi feci dire dal tipo, non senza difficoltà in quanto biascicava – e quello che farfugliava non era facile da comprendere, a tratti sembrava persino balbuziente, poiché l'alcol lo faceva inciampare nelle parole –, in che hotel avrebbe passato la notte.

Lo portai in camera, lo spogliai e lo misi a dormire, mi sistemai sulla sedia di fronte al letto, guardandolo e cercando di capire chi diavolo fosse, aveva una valigia ma era con la combinazione, e i documenti di identità li aveva rubati Bezzy. Io speravo che non fosse uno stronzo qualsiasi venuto a ubriacarsi e farsi derubare a Dublino la sera della vigilia di Natale. Comunque di una cosa ero certo, uno stronzo qualsiasi non avrebbe potuto portare al polso un orologio del genere.

Di notte le ore passano lente, cazzo se passano lente, non avevo sonno, ero troppo eccitato, speravo che l'uomo che dormiva davanti a me fosse un imprenditore di successo, un uomo d'affari, insomma una persona importante, che mi potesse essere riconoscente, perché lo avevo salvato e gli avevo recuperato l'orologio, uno che potesse dare una svolta alla mia vita. Volevo che il credito che vantavo, venisse trasformato in un'opportunità di lavoro, non volevo fare il barista per il resto dei miei giorni. Finalmente si svegliò, erano ormai le nove e mezza di mattina, io ero crollato, dormivo come un bambino, ci pensò lui a darmi il buon giorno con un bel calcio nelle palle e un pugno che mi centrò il naso; si era spaventato, io più di lui, perché non sapeva chi fossi e cosa ci facessi in camera sua. Non si ricordava niente, stava per chiamare la polizia, quando dalla tasca tirai fuori l'orologio e gli spiegai che avevo dovuto combattere una lotta all'ultimo sangue con una puttana e il suo enorme pappone di colore, per cercare di difenderlo e non farglielo rubare. Ingigantii un po' il racconto, volevo far in modo che la sua gratitudine fosse pari alla mia ambizione.

Lui fortunatamente si calmò e mi aiutò a rialzarmi, andai in bagno a vedere come mi aveva ridotto la faccia, poca roba... Lui poteva essere chiunque, ma di sicuro non era un pugile.

Mi ringraziò, mi chiese se volevo fare colazione. Gli risposi di sì, mentre lui, traballante e mezzo rincoglionito per la sbornia, mi chiedeva di dargli cinque minuti per farsi una doccia.

Non gli interessava dei soldi che gli aveva rubato Bezzy, questo mi faceva ben pensare, io non li guadagnavo in un mese millequattrocento euro, se li avessero rubati a me mi sarei incazzato come un toro, invece lui era sereno come se non fosse successo niente.

Ci sedemmo al tavolo pronti per la colazione, lui era docciato e profumato, io puzzavo come una capra, ma il mio pensiero era rivolto ad altro, ai miei genitori: lui sapeva che avevo lavorato fino a tardi e non avevo dormito nemmeno un minuto, pertanto non mi preoccupava il fatto che non emanassi un odore gradevole, mentre i miei non sapevano dove fossi e che fine avessi fatto, dopo tutto, mi dicevo, era Natale e sicuramente erano preoccupati.

Feci il numero e mi rispose mio padre; gli raccontai frettolosamente quanto accaduto, senza entrare nei dettagli, non avevo il tempo di farlo, lui mi disse: «Mi devi dire qualcos'altro...»

«A che proposito...» gli risposi.

«Non è che niente niente sei anche culattone, sei stato tutta la notte in camera con un uomo... dimmi che dovrei pensare... eh?» lo mandai a quel paese e riattaccai.

Eravamo seduti da un'ora e mezza di fronte a un caffè, ero distrutto dalla stanchezza, la cosa bella era che non ero riuscito a capire chi diamine fosse l'uomo derubato da Bezzy; sì, mi aveva detto che era inglese, che viveva in giro per il mondo e che faceva base a Londra per il suo lavoro, ma non si era sbilanciato più di tanto.

Io ero ancora dolorante, il naso mi faceva male, mi guardavano tutti, ero l'unico nella sala a tenere un sacchetto di ghiaccio premuto contro la faccia, avrebbero pensato che ero suo figlio e avevo fatto una rissa, nessuno avrebbe creduto che era stato lui a menarmi.

Volevo chiedergli se era sposato, se aveva figli, ma soprattutto chi era e che lavoro faceva, ma ero come bloccato, avevo la sensazione di avere davanti a me uno che contava e questo mi creava ansia, temevo di infastidirlo con la mia curiosità, credevo che la fretta potesse farmi passare per sfacciato, io non lo ero, ma in quel preciso istante avrei voluto esserlo.

Mi anticipò; fu lui a rompere gli indugi, chiedendomi cosa facessi nella vita.

«Sto per laurearmi in economia e per avere qualche soldo in tasca lavoro al pub...»

Mi sorrise e mi disse: «La scuola alleva polli da batteria, tutti uguali, influenzati e cresciuti velocemente dagli antibiotici somministrati dai professori, con le paranoie, con gli ideali, con le invidie di quei poveri insegnanti, convinti di essere la matrice di ognuno di noi, i depositari della cultura e del sapere... poveretti... alla fine costruiscono soltanto celebrolesi in serie... Se sei sveglio, imparerai di più facendo il barista che all'università, osserva bene le persone, guardale... Come si muovono, come parlano, come si pongono verso gli altri, capirai più così, che leggendo libri o ascoltando le lezioni di maestri il cui unico scopo è avere uno stipendio sicuro, annoiati dalla vita e dalla maggior parte degli studenti, il cui unico intento è di rubare anni alla vita vera e alle responsabilità a cui la stessa li sottopone. Come vedi è un circolo vizioso e pertanto non può funzionare, non può produrre i geni del domani, ci sarà qualche eccezione, questo non lo nego, ma il fatto che gli sparuti eletti vengano definiti eccezione, testimonia il fallimento di un sistema sorpassato dalle necessità della vita reale».

«Io non amo la mia università, anzi mi sta proprio sul... però non voglio fare il barista per sempre, vorrei...»

«Cosa vorresti?»

«Vorrei vestirmi come lei, avere al polso un orologio come il suo, vedere il mondo e guadagnare più di quanto riesco a spendere».

«Insomma, vuoi quello che vogliono tutti».

Questo tizio parlava di me, ma non mi diceva niente di lui. Sarà stata la stanchezza, ma iniziai a ridacchiare tra me e me, non riuscivo a togliermi dalla testa una frase ripetuta fino alla nausea da un mio vecchio professore, la ripeteva puntualmente a ogni brindisi di Natale, noi tutti quando la diceva ridevamo e lui era contento, la frase era di Baudelaire: "Diffidate di chi non beve vino, perché sicuramente ha qualcosa da nascondere". L'uomo che mi stava davanti aveva bevuto tutto il Whisky di Dublino e nemmeno una goccia di vino, forse era per quello che non stavo riuscendo a tiragli fuori niente di ciò che mi interessava, era bravo a nascondersi.

Si alzò dal tavolo, io feci per fermarlo, sembravamo due innamorati, un uomo attempato e il suo giovane amante, se mi avesse visto mio padre… io che con la mano gli prendevo il braccio, mentre con l'altra mi tenevo il ghiaccio sul naso, sarei stato indifendibile ai suoi occhi. Il tizio di cui non sapevo nemmeno il nome, con estrema eleganza, mi passò un suo biglietto da visita, mi salutò e uscì dall'hotel augurandomi buon Natale.

Prima di salire sul taxi mi disse: «Quando avrai finito di perdere tempo, chiamami!» Rimasi rigido come una statua a guardarlo mentre il taxi si allontanava.

II

Guardai il biglietto che mi aveva dato, era un biglietto bianco con al centro una sottile riga nera, sembrava un ricordino funebre, dott. Nigiel Hopkins, con sotto solo il numero di cellulare.

Dottore in che? Che cazzo faceva questo? Non c'era un logo, un indirizzo, il nome di una società da cercare su Google per scoprire dove lavorava, di cosa si occupasse.

Andai a casa di corsa, mia madre non mi guardò in faccia poiché era arrabbiatissima; la mia famiglia è all'antica, siamo profondamente cattolici e il Natale è la festa delle feste. Mio padre continuava a fissarmi il culo; era ufficiale: pensava sicuramente che ero dell'altra sponda, chissà quanto avrà pensato a me insieme a un altro uomo in una stanza di albergo, gli avevo rovinato senza alcun dubbio la festa. Li salutai velocemente, baciai mia mamma, lei mi diede un ceffone affettuoso, le feci gli auguri e l'abbracciai. Mi presi un po' di dolce e andai in camera mia, non vedevo l'ora di scoprirne di più sull'uomo che avevo conosciuto. Mi misi subito a smanettare sul portatile: digitai il nome, il cognome… niente non trovai niente, le uniche foto di Nigiel Hopkins presenti nella ricerca appartenevano a un vecchio che abitava ad Aberdeen;

provai con il cellulare, digitai il numero sempre sulla ricerca di Google ma, anche questa volta, non trovai niente.

Mi venne in mente di chiamare il vecchio di Aberdeen, magari era suo figlio, anche se avevo dei forti dubbi, padre e figlio con lo stesso nome, bah... ci provai, non avevo nulla da perdere, devo dire che non gli somigliava per niente, ma una telefonata potevo sprecarla... sì, lo chiamai.

Mi rispose una nonnina, dalla voce forse sulla novantina, era la moglie del vecchio Nigiel, il poveretto era morto da tre anni e loro non avevano figli. La salutai e mi rimisi alla ricerca; passai il pomeriggio di Natale a cercare, ma... zero risultati.

Che stupido! Avevo il suo numero di cellulare "lo chiamo e glielo chiedo, dai, Henry, non aver paura... Chiamalo" mi dissi. Feci il numero, e mi rispose una signorina: «Il cliente da lei chiamato non è al momento raggiungibile». È proprio vero che quando hai fretta un minuto dura un'eternità e prima che mi arrivasse il messaggio, che il dott. Hopkins fosse di nuovo raggiungibile, di minuti ne erano passati ben novantasei.

Lo chiamai di nuovo e lui mi rispose: «Pensavo che mi avresti chiamato prima, pensavo fossi più intraprendente, forse ti ho giudicato più di quanto realmente vali... ricordati, una persona deve essere sempre curiosa, la curiosità è vita, e tu alla tua età dovresti essere estremamente curioso».

Tutto quello che volevo dirgli mi rimase in gola, ero come soffocato dalla mia stessa aria e pensai: "Questo si vuole prende gioco di me... muoio dalla curiosità, ma allo stesso tempo temo di mostrarmi insicuro, ho paura di fargli una brutta impressione, mentre vorrei sembrargli uno dritto, uno sveglio, uno come mai ne ha visti prima… ma chissà quante persone avrà conosciuto e chissà quanti più svegli di me…”

Tuttavia, trovai il coraggio e gli dissi: «Vorrei sapere chi è lei, di cosa si occupa».

«Sono uno che lavora molto, come vedi anche a Natale. Ah dimenticavo, grazie per avermi difeso da quella puttana a costo della tua stessa vita, e soprattutto grazie per aver scelto l’orologio e non il portafoglio. Il numero che ti ho dato usalo quando avrai finito di farti una cultura nella tua bella università. Ora devo andare, buon Natale».

Buon Natale… be’ facile a dirsi; non ero riuscito a fargli altre domande, non me ne aveva dato modo, mi aveva fatto gli auguri e aveva riattaccato.

Lui, sì, aveva riattaccato, ma io non ci riuscivo, non riuscivo a smettere di pensare e mi chiedevo cosa stessi facendo: “stai sognando a occhi aperti, ti stai illudendo che il dott. Nigiel Hopkins sia l’uomo che possa dare un senso alla tua vita, ma non sai assolutamente niente di lui, ti stai facendo condizionare dal tuo desiderio, la speranza di realizzarlo è sorretta dal niente”.

Di solito ero un tipo razionale e molto pragmatico, ma quella volta avevo la sensazione che lui fosse diverso da tutte le persone da me conosciute fino a quel momento. Stavo mettendo in pratica l’unico consiglio che il dott. Nigiel Hopkins mi aveva dato prima di lasciarmi, “osserva bene le persone, guardale… come si muovono, come parlano, come si pongono verso gli altri" e il bello era che lo stavo facendo proprio con lui, fin da quando lo avevo visto con Bezzy. Dunque stavo mettendo in pratica il suo consiglio ancor prima che me lo avesse dato. Mi dissi che non avevo niente da perdere e per una volta volevo seguire il mio istinto, pertanto decisi di impegnarmi al massimo per laurearmi nel più breve tempo possibile, mi mancava poco, un esame e la tesi di laurea. Mi buttai a capofitto sui libri studiando veramente, come si dovrebbe fare, fin dal giorno dopo, volevo mangiarli, pur di fare in fretta, pur di finire il prima possibile. Avevo premura, ma non sapevo nemmeno io per cosa, non sapevo niente, ero attaccato alla flebile speranza che quell'uomo si ricordasse di me, che fosse uno importante, che mi prendesse con lui e che mi facesse fare una montagna di soldi. Speravo, tramite lui, di poter raggiungere il mio obbiettivo, ovvero diventare ricco. Molti pensano che il denaro non sia importante, io invece sapevo che era l'unica cosa che volevo, forse perché fino ad allora ne avevo avuto sempre molto poco, forse perché avevo sempre invidiato chi poteva permettersi di fare la bella vita, forse perché non ero tagliato per fare una vita di merda.

Per tutti questi motivi, ma soprattutto per l'ultimo, dovevo dare una svolta alla mia e per farlo avevo puntato tutto su uno che si era fatto rubare il portafoglio da Bezzy…

Avevo pensato molte volte di chiamare il dott. Hopkins, la curiosità mi divorava… allo stesso tempo volevo fare il sostenuto, dovevo dare l'immagine di uno sicuro di sé, a cui non importava niente di niente; io non stavo studiando giorno e notte per lui, lo facevo per me, volevo togliermi di mezzo questo intralcio il prima possibile, questo ostacolo che si frapponeva tra me e il mio sogno.

Oltre a studiare, cercavo di apprendere il più possibile dalle persone del quartiere più istruite, più in vista, più realizzate, più colte, era il mio master a costo zero, anche se si sovrapponeva all'università, dimezzando il mio tempo. Da una parte l'università dall'altra la strada, perseguivo l'impegno preso e cercavo di mettere in pratica il consiglio ricevuto dal dott. Hopkins "se sei sveglio imparerai di più facendo il barista che all'università, osserva bene le persone, guardale come si muovono, come parlano, come si pongono con gli altri, capirai più così che leggendo libri o con le spiegazioni che ti sorbisci ogni giorno nella tua amata università".

Frequentare persone che differiscono da te per età, cultura, stato sociale ti fa crescere, fa nascere in te opinioni, ideali, ti plasma facendoti diventare l'uomo che sarai.

Io ero cattolico, mia madre profondamente cattolica, mio padre leggermente cattolico, forse sarei stato influenzato da tutto quel cattolicesimo che mi avvolgeva, ma nel mio processo di formazione mentale di ampliamento della mia conoscenza, di buone frequentazioni, non riuscivo ad accettare alcuni aspetti della modernizzazione del mondo e questo mi faceva sentire un provinciale, ma era inutile, avevo provato a lavorare tanto su me stesso, ma niente non riuscivo a essere diverso da quello che ero.

Avevo sempre aspirato a essere il primo in tutto e su tutto, era un mio limite, se non ero il primo stavo male e facevo star male con il mio malumore chi mi stava vicino.

Mi sentivo sconfitto dal fatto che non riuscivo ad accettare l'dea che altre persone potessero avere una visione delle cose diversa dalla mia. Mi dicevo "ma come cazzo è possibile eppure è facilissimo vederla come me", questo non perché io fossi un genio ma perché quello che dicevo era razionale, pragmatico e semplice da capire.

Su temi come la meritocrazia, l'omosessualità, il senso dei sindacati, avevo degli scontri molto animati, mi facevano discutere con il mio piccolo mondo fatto di frequentazioni di quartiere, ed erano temi che mi facevano sentire un uomo piccolo rispetto a tutto quello che mi circondava, ma io la pensavo in un certo modo e, anche sforzandomi, non riuscivo a essere diverso da quello che ero, che ci potevo fare... io ero fatto così.

Proprio per questo mio modo di essere mi sarò preso come minimo mille vaffanculo, il numero era stimato sicuramente per difetto, ma non me ne fregava niente. Non ero un violento, non istigavo, non provocavo, però pensavo con la mia testa e non con quella degli altri, non seguivo le mode per essere accettato, seguivo solo le mie idee.

Chiamatemi pure stronzo integralista, ma io mi vedevo e forse avrei continuato a vedermi come quel giudice di Shannon, che amava dire: "Io non sono malvoluto, perché non ho fatto mai del bene a nessuno, sono stato solo giusto con tutti". Essere giusti non significa essere buoni.

E io mi sentivo nel giusto nel pensare ciò che pensavo, ovvero: chi ha dei meriti deve per forza di cose avere più opportunità di chi non ne ha, ma questo deve essere la base minima per avere una società premiante, il merito deve essere conseguito senza furbizie, scorciatoie, inganni. Chi risulta meritevole nella scuola, nel lavoro e nella vita di tutti i giorni, deve per forza di cose avere più chance rispetto a chi si gratta la pancia aspettando che cada la manna dal cielo, se così non fosse, non riuscirei più ad alzarmi dal letto la mattina e sarei uno dei tanti sconfitti, senza ambizioni, senza voglia di vivere, senza un domani.

Ero consapevole che la mia fosse pura utopia, mi rendevo conto che le raccomandazioni e i figli di papà sarebbero stati sempre un passo avanti rispetto alla categoria dei meritevoli, ma tutto ciò era profondamente ingiusto e questo era un grande limite che non potevo accettare e avrei fatto quanto era nelle mie possibilità per superarlo.

L'omosessualità era un altro argomento che mi portava spesso allo scontro, scontro verbale ci tengo a precisare, con alcuni dei miei coetanei, dei miei professori e delle persone che frequentavo al municipio. Mi torna spesso in mente la sfuriata che feci contro l'assessore Mc Bean, Jimmy Mc Bean, palesemente schierato a favore dell'integrazione di tutto e di tutti. Gli incontri politici iniziavano ovviamente in municipio, ma spesso finivano al Golden Ball, il pub dove lavoravo. I membri del consiglio comunale non si risparmiavano, a fine serata avevano fatto il pieno di birra con l'aggiunta di qualche whisky. Il povero Jimmy, lui sapeva bene come la pensavo, ebbe la malaugurata idea di provocarmi, coinvolgendomi in una discussione riguardo al matrimonio tra gay e la possibilità di adottare uno o più figli da parte di una coppia omosessuale. Mai idea fu più sbagliata, povero Jimmy.

Gli ruppi letteralmente il culo; lui faceva lo splendido, il moderno, l'uomo dalla mente aperta, continuava a stuzzicarmi, mi definiva uomo delle caverne, per lui ero rimasto all'età della pietra, forse non mi ero accorto che eravamo quasi nel 2010 e non più nella preistoria, mi diede anche del fascista. Io cercavo di trattenermi, ero il barista, dovevo andare d'accordo con i clienti, chi sta a contatto con il pubblico deve fare buon viso a tutti, ma non ci riuscivo sempre, dopo tutto avevo solo ventiquattro anni e ogni tanto, fortunatamente molto di rado, perdevo l'aplomb che mi contraddistingueva e questa era una della rare volte; dissi al povero Jimmy: «Scusami, tu ti ergi a paladino delle minoranze e non ti accorgi che la minoranza siamo noi, oggi essere eterosessuali equivale ad appartenere a una minoranza e non ve ne state accorgendo, perché siete dei limitati, ma state sbilanciando il mondo dall'altra parte, prima gli omossessuali erano discriminati ora lo sono gli etero; parli di integrazione ma fino a che il mondo sarà diviso in parti, in fazioni, non ci sarà mai uguaglianza. State provando a inculcarci l'idea che se nasce un figlio, la povera famiglia deve sperare che sia culattone altrimenti non è trendy, non è cool, altrimenti non siamo moderni. Vogliamo fare le cose giuste, mettiamo tutti sullo stesso piano, ma in tutto, non solo quando vi fa comodo…»

La vemenza verbale con cui lo dissi creò il gelo nella parte del locale occupata dall'animato confronto, confronto sostenuto da un barista stanco e un assessore mezzo ubriaco. Mi sarei ucciso per aver detto quello che avevo detto, non è che non lo pensassi, anzi lo pensavo e come, ma non bisogna mai dire in pubblico cosa si pensa, soprattutto quando si parla di politica, di sociale, di persone, a meno che non lo si faccia di mestiere.

Dovevo guardarmi bene dall'essere etichettato, questo avrebbe potuto precludere la mia possibilità di inserimento nel mondo che contava. La gente ci mette un secondo a dirti che sei razzista, sessista, omofobo. Io non lo ero, non lo sarei mai stato, ma il mio pensiero era quello e quello rimaneva, che diavolo volete da me?!

Al GB avevo sempre dalla mia parte Mik, che mi dava man forte anche quando non avevo ragione; quella sera Mik ci mise un carico da novanta e più stavo pensando che avevo fatto un'enorme cazzata a espormi con le mie idee, più Mik inveiva contro Jimmy e la sua cricca. Con una birra placai le sue ire e lo convinsi a fare un quadro su quanto accaduto. Mik non fece un quadro, ma un vero e proprio capolavoro che mi regalò; mi dipinse con uno strofinaccio in mano mentre inveivo contro Jimmy, che invece era raffigurato con un viso spaventato e con il resto dei suoi amici che erano inermi, incapaci di controbattere.

Mi dipinse come avrei voluto essere, come volevo diventare, un uomo sicuro di sé, che sapeva esprimere le sue idee chiaramente, giuste o sbagliate che fossero, e che soprattutto sapesse trasmettere emozioni ai diversi interlocutori.

Con Jimmy avevo avuto altri mille scontri, mille confronti, uno piuttosto infuocato fu sul ruolo, forse sarebbe meglio dire sul senso, che i sindacati hanno oggi, lui li difendeva a spada tratta, mentre io li attaccavo senza pietà; mio padre era andato in pensione grazie ai vari sussidi, la sua fabbrica aveva chiuso, i rappresentanti sindacali anziché difendere i pochi diritti dei lavoratori si erano messi d'accordo con i manager dell'azienda, dietro un lauto compenso a discapito dei soliti poveracci. La stessa cosa era toccata anche a mia madre, che era stata costretta a reinventarsi sarta, anche lei tradita da chi doveva rappresentarla e difenderla. Jimmy provava timidamente a prendere le loro parti: «In tutte le categorie ci sono le persone per bene e purtroppo ci sono anche i cialtroni, i propositi dei sindacati, l'utilità, e l'impegno sono provati dalle migliaia di battaglie combattute, di cui molte vinte per fortuna». Gli replicavo semplicemente che la nobiltà dei sindacati si era smarrita con il passare del tempo, che gli aveva fatto dimenticare da che parte stare.

Durante la discussione con Jimmy intervenne a darmi man forte anche Maggie, una compagna di università, una collega al GB e anche la ragazza con cui uscivo. Mi sentivo un dio quando lei era con me, perché Maggie era proprio bella, sempre sorridente ed era pure simpatica. Lei era nata a Cork, ma i suoi genitori si erano trasferiti per motivi di lavoro a Dublino da più di dieci anni. Loro non erano messi male economicamente, stavano molto meglio dei miei, ma ci voleva poco, noi non avevamo praticamente niente.

Mio padre mi ripeteva di continuo che noi avevamo sempre pagato tutto e tutti per quello che avevamo e pertanto potevamo camminare a testa alta. Bella soddisfazione del cazzo... certo che avevamo pagato tutto e tutti, non avevamo niente, per la casa pagavamo l'affitto, la macchina era una Land Rover Defender del 1999, mito indiscusso, nella quale funzionava tutto, ma si vedeva che era datata. Mia mamma faceva la sarta, gli piaceva moltissimo il suo lavoro, in casa c'era un costante via vai di signore di mezza età seminude che quando mi incontravano mi dicevano sempre la stessa frase: "che bel ragazzo che ti sei fatto", tutto questo mentre io guardavo la loro pelle flaccida che faceva mille pieghe, o le loro pancere improponibili... ah meglio dimenticare.

Nel quartiere ci conoscevano tutti: mia mamma per via delle sue clienti, io perché lavoravo al GB e conoscevano anche mio padre, che non parlava mai; a prima vista si poteva pensare che fosse muto, ti faceva capire la maggior parte delle cose con dei mugolii e con delle espressioni del viso, nella nostra casa erano diventati un linguaggio comune, ovvero, lo faceva solo lui, ma lo capivamo sia io che mia madre. Le rare volte che parlava, però, era una sentenza che si abbatteva su di te, non era affatto stupido, anzi, era molto sveglio, ma preferiva star zitto e ascoltare piuttosto che confrontarsi con gli altri. Era difficile immaginare cosa gli frullasse in testa, molto probabilmente ai suoi occhi e alle sue orecchie eravamo tutti dei coglioni e pertanto non valeva la pena sprecarci il fiato.

III

Mi laureai venerdì 10 luglio del 2009, con il massimo dei voti, non mi ero mai impegnato più di tanto, ma a scuola ero sempre stato un drago, massimo risultato con il minimo sforzo. I miei erano emozionati come non lo erano mai stati prima, fieri di me, dato che ero il primo a laurearsi della famiglia O'Neill. Un lustro che mi avrebbe accompagnato per il resto della vita, dato che sono figlio unico…

Erano sette mesi che pensavo a quel momento, finalmente potevo fare la fatidica chiamata, erano trascorse ben centonovantasei notti, centonovantasei notti che pensavo a quel giorno, la paura di essere deluso la faceva da padrone, la voglia di chiamare era tanta, ma il timore di non avere le conferme che mi aspettavo era molto forte. "Henry, devi essere uomo" mi dicevo, "ti devi comportare da adulto, chiamalo dai, fatti coraggio". Mi convinsi e lo chiamai, non volevo perdere nemmeno un minuto in più, tolto il dente tolto il dolore: «Dott. Hopkins, sono Henry O'Neill, si ricorda di me?»

Mi rispose in modo brillante con una voce calda e sicura, non sembrava nemmeno lo stesso uomo che quella sera rantolava sotto la minuziosa perquisizione di Bezzy. Mi sembrava felice di sentirmi ma non sorpreso: «Henry… pensavo non mi chiamassi più».

Certo che ne erano passati di mesi, era Natale e adesso eravamo in estate, a me erano sembrati anni, ma non potevo rispondergli così, e dunque mi morsi la lingua: «Ho fatto come mi ha detto lei, mi sono laureato ieri e oggi l'ho chiamata».

«Hai fatto bene, Henry, cosa posso fare per te?»

Mi cadde il mondo addosso, questo mi stava prendendo in giro, ma come... cosa posso fare per te? Ma non aveva capito cosa volevo? Magari non aveva capito veramente, io, per vigliaccheria, non ero mai riuscito a dirgli cosa volevo da lui... forse mi ero illuso per sette mesi. "Henry, mantieni la calma" mi dicevo, "prendi un bel respiro e digli cosa vuoi".

«Dott. Hopkins, non mi prenda per pazzo, ma ho riposto la speranza di lavorare per lei, anche se non so di che cosa si occupa. Ho visto in lei una possibilità di svolta per me, non mi chieda il perché, non lo so nemmeno io, ho avuto questa sensazione dalla priva volta che l'ho vista, sensazione che ha nutrito per sette mesi la mia voglia di emergere».

Il dott. Hopkins mi rispose: «Parliamone da me, vieni a trovarmi a Londra, ti aspetto domani alle quindici, vedi di essere puntuale».

L'indirizzo del suo ufficio era nel quartiere di Mayfair, confinante con il verdeggiante Hyde Park, non capivo; la zona era bellissima, ma era al di fuori dal perimetro della città dove si incontrano gli uomini d'affari, dove si concludono le trattative di un certo livello, dove il denaro scorre a fiumi.

Mayfair era famosa per le eleganti residenze georgiane, per le sue sartorie su misura di fama mondiale e per le gallerie d'arte moderna. Non era la zona giusta, non capivo perché il suo ufficio fosse lì, non era quello che mi aspettavo, avevo sbagliato la valutazione su di lui? Per scoprirlo non potevo fare altro che andare a Londra.

Sì, ma... con quali soldi? Il vestito non era un problema, l'avevo comprato nuovo per la mia laurea, ancora praticamente aveva il cartellino del prezzo attaccato.

Cercai disperatamente un volo economico, l'unico alla mia portata era con la Ryanair, lo prenotai subito, il prezzo era buono, il più basso che avevo trovato, era la prima volta che prendevo un aereo e avevo anche un po' di paura. Arrivai in aeroporto tre ore prima del decollo, partenza alle undici e cinque, ma non potevo permettermi di perderlo; non avevo bagaglio e mi ritrovai con solo il biglietto in mano senza sapere a chi farlo vedere. Trovai un'hostess bruttina ma molto gentile, la quale mi spiegò che dovevo recarmi al banco per il check-in, mi indicò dove andare per passare i controlli di sicurezza e dove guardare il gate d'imbarco. Feci tutto bene, non sbagliai niente, cercavo di essere disinvolto, copiavo gli altri, ma ero terrorizzato. Atterrai a Gatwick, e presi al volo il treno che mi portò a Victoria Station, da lì un autobus che mi avrebbe fatto scendere a cento metri dall'ufficio del dott. Hopkins, non potevo assolutamente sbagliare percorso, avevo ripassato tutta la notte il tragitto e i mezzi da prendere, ne sapevo più io che i controllori. Avevo troppa paura di commettere qualche errore, troppa paura di fare una figuraccia, mi ero immaginato più volte la scena in cui chiamavo il dott. Hopkins dicendogli che mi ero perso. Ma non si verificò nessun problema, per fortuna filò tutto liscio. Ed ecco che finalmente arrivai.

Avevo il cuore in gola, dovevo fare bella figura, dovevo essere serio, sicuro, sveglio, attento, schiena dritta, occhi ben aperti, e dire cose intelligenti… ah quante caspita di cose dovevo fare.

Mi aprì la porta la sua segretaria, una bella donna molto elegante, più o meno sui cinquant'anni, mi fece accomodare e mi offrì un caffè, tra me e me pensavo "sta a vedere che con il culo che ho me lo tiro addosso". Grace, si chiamava così, mi disse che il dott. Hopkins mi avrebbe ricevuto tra circa trenta minuti. Bevvi il mio caffè, stando attento a non sporcarmi e iniziai a guardarmi intorno, non volevo farmi vedere impaurito e completamente spaesato, ma non ci stavo riuscendo un granché, Grace mi guardava con la coda dell'occhio, se ne era accorta senz'altro che me la stavo facendo addosso. Lei era al centro dell'ufficio, la sua postazione era circolare, dal suo castello riusciva a controllare tutto e tutti, aveva la faccia sveglia, di una che le cose le capisce al volo, non avevi bisogno di ripetergliele due volte, sembrava sicura e risoluta. Intorno a lei c'erano cinque porte, quella di ingresso, quella del bagno, la porta dell'ufficio di Nigiel, la porta del dott. Simon Belt e la porta della dott.ssa Maryan Fishmayer. Cercavo di carpire più informazioni possibili, ascoltavo Grace, lei parlava con un filo di voce, aveva uno di quei microfoni stile centralista degli anni Cinquanta e quando rispondeva al telefono sembrava che parlasse con se stessa. Chi erano il dott. Belt e la dott.ssa Fishmayer ma, soprattutto, cosa facevano lì dentro, di cosa potevano occuparsi? Bah, sicuramente a breve lo avrei scoperto.

Grace mi annunciò che il dott. Hopkins mi stava aspettando, mi alzai, abbottonai la giacca, sistemai la cravatta; ero agitato, ma allo stesso tempo felice, erano mesi che aspettavo quel momento, non indugiai ed entrai...

«Ben arrivato!» mi disse Nigiel, mentre io non sapevo come mi dovevo rivolgere a lui, al telefono gli avevo sempre dato del lei, e mi decisi a continuare su quella linea e lui puntualmente mi rispose: «Mi dai del lei, dopo che mi hai visto lottare con una puttana, dopo che mi hai vegliato per una notte intera... tranquillo dammi del tu».

Nigiel mi mise subito a mio agio, trascorse con me tutto il pomeriggio e poi andammo a cena insieme, aveva dei modi bellissimi, ti faceva sentire importante, sorrideva sempre, sembrava che nulla lo smuovesse. Lui sì che era sicuro di sé, in quel pomeriggio imparai cosa significava essere carismatici; Nigiel era nato per essere un capo, sapeva cosa fare e cosa dire, fumava moltissimo, aveva sempre la sigaretta in bocca, una dietro l'altra, questo lo faceva apparire ancora più elegante e distinto di quanto non lo fosse già.

Mi spiegò di cosa si occupavano: in pratica il suo ufficio aiutava le aziende in sofferenza, mettendo a disposizione le proprie professionalità, e tramite loro queste aziende rifiorivano, rigenerate e pronte a investire nuovamente sul mercato. Lui era il capo e supervisionava il lavoro di tutti, era colui che teneva i rapporti con i clienti, Belt era un super esperto di amministrazione, Nigiel non aveva mai incontrato nessuno più bravo di lui; era molto abile nel redigere bilanci, nel far tornare i conti, loro due lavoravano insieme da più di vent'anni. Mentre la Fishmayer era un avvocato specializzato in acquisizioni e fusioni aziendali, Nigiel disse che era molto brava a fare il suo mestiere, una donna di quarantotto anni fredda e calcolatrice, spietata e senza cuore, ribadendo che sul lavoro era una garanzia, lo sapeva fare bene.

Il lavoro non mancava, le aziende in difficoltà erano numerose, per fortuna diceva lui, della serie fin che c'è guerra c'è speranza. Di fatto Nigiel e il suo team campavano sulle disgrazie di altre persone, imprenditori, manager, aziende grandi e piccole. Ci tenne a precisare che, a volte, non facevano proprio niente per migliorare le sorti di queste società, ma vendevano solamente fumo, la fattura veniva, comunque, sempre staccata.

Mi fece capire che lui era un tipo ai margini, poco spendibile in pubblico, ma estremamente incisivo, le aziende lo cercavano per risolvere i loro problemi; e lui e la sua squadra i problemi li risolvevano, anche se a volte li creavano *ad hoc*, in modo tale che la loro presenza fosse richiesta per un periodo più lungo, più tempo lavori più fatturi, l'importante era fatturare, fatturare, fatturare. Nonostante guadagnasse molto bene, Nigiel era un uomo che non amava farsi notare, aveva un'auto anonima, poco più di un'utilitaria, conduceva una bella vita, ma senza sfarzi. Questo mi raccontò durante la nostra cena.

Io incuriosito gli chiesi il perché e lui mi rispose che: «Solo gli idioti ostentano, se non vuoi problemi nella vita, tieni sempre un profilo basso, non darti arie, adattati alla compagnia del momento, facendo così non attirerai mai l'attenzione e le invidie su di te».

La cena proseguì piacevolmente e io trovai il coraggio di chiedergli se poteva prendermi a lavorare con lui, insomma se potevo entrare a far parte del suo staff, mi rispose sorprendendomi come sempre: «Stai già lavorando per me, altrimenti non saresti qui».

Io non stavo nella pelle, avevo finalmente un lavoro, lavoravo per lui, era fatta. Lui continuava a parlarmi, ma io non capivo più nulla, ero talmente felice, che non sentivo niente, non sentivo la sua voce, il mio cervello era in pausa, avevo staccato. Tutta la tensione che mi aveva attanagliato come una morsa negli ultimi mesi si era allentata improvvisamente, la sensazione che provavo era bellissima, mi sentivo leggero come una piuma, lo stomaco si era aperto e quel peso insostenibile era sparito.

Nigiel mi disse che a minuti sarebbe arrivato al nostro tavolo Jonathan Briaton, un imprenditore proprietario di un'azienda farmaceutica, la cui sede era a Dublino, pensai ingenuamente che fosse una coincidenza, entrambi di Dublino, invece Nigiel aveva pianificato il tutto nei minimi dettagli, voleva conquistare da subito la fiducia del cliente e voleva utilizzare me per farlo. Avevo una faccia pulita, ero di Dublino, potevo seguire l'azienda sul posto senza bisogno di trasferirmi. Il sig. Briaton poteva reperire informazioni su di me facilmente, all'università, nel quartiere dove vivevo, al pub dove avevo lavorato, sarei risultato, sì, un tipo inesperto, ma affidabile e serio, e l'essere anch'io di Dublino avrebbe creato una certa empatia.

Nigiel se l'era preparata bene, molto bene, aveva pensato a tutto.

Briaton arrivò accompagnato da una ragazza bellissima, non era sua moglie, sicuramente era l'amica delle trasferte. "L'amore" è proprio cieco, lui era un tipo grassottello, non molto alto, praticamente calvo, qualche ricordo di capelli sopra le orecchie, poca roba. Lei rimase per tutta la cena muta come un pesce, nonostante il suo silenzio attirasse molto l'attenzione di tutti, gli occhi degli uomini seduti agli altri tavoli si posavano su di lei ripetutamente e devo dire che anch'io un paio di volte la guardai, forse anche più di un paio. Nigiel, invece, la ignorava proprio, era come se lei non esistesse, lui pensava solo e soltanto al cliente, era sul pezzo. Il sig. Briaton ci spiegò che voleva crescere, voleva aumentare il fatturato della sua società e voleva farlo velocemente, l'unico modo era acquistare un'altra società farmaceutica per poi fonderla con la sua Galaxya S.p.A. Quest'ultima produceva antidolorifici post-operatori, il suo intento era chiaro, voleva aumentare il fatturato della sua società per poi quotarla in borsa, triplicando così, come minimo, il valore delle sue azioni. Il sig. Briaton deteneva il 95% della società, gli unici soci facevano parte del consiglio di amministrazione, un CdA molto ristretto. Oltre a lui, il consiglio di amministrazione era composto da sua figlia e dal marito di lei che, a quanto diceva il sig. Briaton, era un buono a nulla, aveva solo due caratteristiche positive, era educato e soprattutto era bello, la seconda gli aveva permesso di arrivare a quarantasei anni senza doversi mai sporcare le mani. Ci disse: «Mio genero non vi sarà di ostacolo, basta che non lo facciate lavorare, il lavoro non fa per lui».

La Mercury S.p.A. era la società che il sig. Briaton voleva comprare, aveva sede in Italia, nella periferia di Milano, fatturava circa ottantacinque milioni di euro e produceva creme e gel per la cura di patologie dermatologiche, il loro prodotto di punta era una crema per la cura della *Rosacea Papulo Pustolosa* del naso e delle regioni zigomatiche, malattia dalla quale non si guarisce, ma che poteva essere solo curata tramite antibiotici e con le creme della Mercury.

L'incarico affidato a Nigiel e al suo team era di eseguire un'accurata *due diligence* sulla Mercury S.p.A. e di valutare l'impatto che questa acquisizione avrebbe avuto sulla Galaxya S.p.A.

Nigiel accettò l'incarico, lusingato per la fiducia accordata, ringraziò il sig. Briaton, ordinò una bottiglia di champagne per festeggiare l'accordo trovato e fece un bel brindisi, brindisi che mi mostrò come si sta al mondo; si vedeva lontano un chilometro che Nigiel non stimava il sig. Briaton, lui si sentiva superiore, nonostante ciò non perse occasione per leccare il sedere alla gallina dalle uova d'oro: «Brindiamo al sig. Briaton, il più grande imprenditore d'Irlanda e alla sua grandissima azienda, la Galaxya».

Non avevo detto una parola per tutto il tempo, se non "Hanry O'Neill, piacere di conoscerla", avevo fatto bene, quando non sai cosa dire è meglio che rimani in silenzio, può darsi che non risulterai brillante agli occhi dei tuoi interlocutori, ma di certo non farai danni. La cosa che mi colpì fu l'abilità di Nigiel nel conquistare il cliente, e la predisposizione di quest'ultimo a farsi leccare e riverire.

Non capivo in che modo uno come il sig. Briaton che, per arrivare dove era arrivato di professionisti in gamba ne aveva sicuramente conosciuti a decine, potesse essere in poco più di due ore ammaliato, conquistato da Nigiel.

La risposta la trovai nella domanda: Nigiel era diverso, era il numero uno e vinceva di gran lunga su tutti i figli di puttana che il sig. Briaton aveva conosciuto prima di lui.

La cena terminò qualche minuto prima di mezzanotte, Nigiel chiamò Belt, la Fishmayer e Grace anticipandogli la notizia e per dare a tutti appuntamento in ufficio alle sette e mezza. Nigiel dormiva molto poco, se ne fregava delle esigenze degli altri, pertanto, perché non sfruttare ogni minuto della giornata? Era concreto, molto concreto.

Io avevo un problema, ero partito senza valigia, non avevo niente con me, niente camicia, niente mutande, niente spazzolino da denti. Nigiel sembrava leggermi nel pensiero, mi accompagnò in hotel, pagò con la sua carta di credito, mi fece dare un piccolo kit, schiuma, rasoio, spazzolino e mi disse che l'indomani mi sarebbe passato a prendere lui e mi avrebbe portato una sua camicia. Lo ringraziai infinitamente e andai in camera. Ero completamente conquistato dal suo modo di fare perché era perfetto in tutto. Probabilmente non aveva nemmeno problemi di donne, era affascinante, alto, capello brizzolato, occhi blu che ti trafiggevano a ogni sguardo, sorriso perfetto, mani curate e un abbigliamento impeccabile. Decisi che non ci avrei più pensato, prima di diventare come lui ne sarebbe dovuta passare di acqua sotti i ponti. Misi la sveglia e franai stanco morto sul letto.

IV

Nigiel passò a prendermi, come da accordi, alle sette, e andammo direttamente in ufficio. Tutti arrivarono puntuali, Grace preparò acqua e caffè, l'incontro poteva così iniziare. La riunione durò poco meno di due ore, informò Belt e la Fishmayer dell'incarico ricevuto dal sig. Briaton, del compenso che la società avrebbe avuto, pari a duecentocinquantamila euro, più le spese.

Io ero contentissimo, ero partito il giorno prima da Dublino senza un euro in tasca e adesso avevo la prospettiva di prendermi una parte, una piccola parte del compenso pattuito.

Nigiel mi affidò il compito di tornare a Dublino e di andare immediatamente nella sede della Galaxya, dovevo mettere insieme tutta la documentazione necessaria per la produzione dello studio di fattibilità dell'intera operazione; bilanci, organigrammi aziendali, chi faceva cosa, ma soprattutto lui voleva avere il dettaglio di tutte le voci di costo, spacchettate per competenza. Era un lavoro da semplice ragioniere, capivo che come primo incarico era giusto così e non potevo pretendere di più.

La Fishmayer e Belt, invece, avevano il compito di radiografare la Mercury. Nigiel avrebbe fatto la spola tra Milano, Dublino e Londra.

Il mio lavoro scorreva bene, lento e noioso, non avevo problemi, non era difficile, i dipendenti della Galaxya erano collaborativi e gentili; Nigiel, durante le sue visite, mi raccontava che la società di Milano sarebbe stata un ottimo investimento per il sig. Briaton, e che Belt e la Fishmayer stavano facendo un gran lavoro e in poco più di due settimane avrebbero terminato.

Strabuzzai gli occhi, mi sentivo un dilettante, rispetto a loro ero indietro anni luce; per consolarmi mi dicevo che loro erano in due ed erano molto più esperti di me, ma io ne avevo ancora per due mesi. Decisi di portarmi il lavoro a casa, lavoravo anche il sabato e la domenica, volevo fare bella figura con i miei colleghi, ma ero terribilmente indietro. Un aspetto positivo c'era, conoscevo la Galaxya benissimo, o meglio quello che avevo avuto modo di controllare lo conoscevo a memoria.

Dopo cinque settimane, Belt e la Fishmayer terminarono la raccolta dati presso la Mercury, si presero un'altra settimana di tempo per preparare il documento da presentare al sig. Briaton e al suo staff composto da manager, avvocati e commercialisti. Dopo di che, si trasferirono a Dublino per darmi una mano a terminare anche la mia parte di lavoro. Io forse ero stato lento, ma loro due erano stati troppo veloci. Riuscivano a controllare una mole di documenti in un solo giorno, mentre io ci avrei impiegato una settimana per fare lo stesso. Mi sentivo inadeguato e fuori posto, il divario tra me e loro era abissale. In sette giorni, compresi sabato e domenica, finimmo tutto, non ci potevo credere. Nigiel decise di non farmi partecipare alla stesura del documento finale da presentare al sig. Briaton.

Il 15 settembre, Nigiel convocò il sig. Briaton per un incontro, con lo scopo di presentargli la *due diligence* e l'impatto che avrebbe generato l'acquisizione della Mercury sulla Galaxya. Nigiel, sorprendendo buona parte dei partecipanti, venti persone in tutto, iniziò il suo discorso dicendo che la Mercury era l'affare della vita per la Galaxya e che l'acquisizione avrebbe rimesso in sesto i conti della società di Briaton.

Quest'ultimo era in balia delle parole sapientemente oleate di Nigiel.

Non avendo timori reverenziali nei confronti del sig. Briaton e dei componenti del CdA, non si trattenne nel dire che se un'azienda vuole entrare così velocemente in borsa è perché è fortemente indebitata. La borsa secondo lui rappresentava il rifugio di tutti i peccatori, di tutti coloro che avevano gestito le aziende a proprio uso e consumo. Il sig. Briaton, anziché essere stizzito, in fin dei conti Nigiel stava confermando che la Galaxya era stata gestita con il culo, lui usò parole più consoni all'ambiente "gestita in malo modo", era rapito dal carisma e dalla sicurezza che l'inquisitore emanava. I due commercialisti storici esterni alla società e i manager di Briaton avevano, a un certo punto della riunione, la testa sotto il tavolo, li stava demolendo un pezzo alla volta, puntando il dito contro di loro e contro la gestione approssimativa e permissiva che avevano condotto. In pratica il quadro che usciva dalla relazione era che la Galaxya si teneva in piedi per miracolo, mentre la Mercury era virtuosa. Nigiel aveva passato molto tempo a Milano, era entrato in confidenza con il Cavaliere De Marchi, proprietario della Mercury e la confidenza era stata tale da riuscire a strappare una riduzione del prezzo di acquisto. Se l'accordo fosse stato perfezionato con sei mesi di anticipo rispetto alla data del closing stabilita dal sig. Briaton, per il 30 giugno 2010, il prezzo fissato in duecentotrentacinque milioni di euro, sarebbe sensibilmente diminuito. Chiudendo l'operazione entro il 31 dicembre 2009 nelle tasche del sig. Briaton sarebbero rimasti dieci milioni di euro, e dieci milioni… sono tanti. Nonostante fosse un uomo esperto, era notevolmente impressionato da quanto Nigiel era riuscito a fare: in poco più di due mesi aveva inquadrato le criticità della sua azienda, individuato i manager da cacciare, i quali rappresentavano solo un costo e non producevano niente, analizzato una società il cui acquisto avrebbe sistemato di molto i problemi della Galaxya. Come se tutto ciò non fosse abbastanza, era riuscito a ottenere anche uno sconto sul prezzo di dieci milioni di euro, bastava anticipare solo di sei mesi l'acquisizione rispetto alla data di closing ipotizzata.

Il sig. Briaton era a dir poco confuso, la soluzione di molti dei mali della sua azienda era lì, davanti a lui, bastava solo avere il coraggio di afferrarla.

Era ammaliato da Nigiel che stava diventando il suo oracolo, l'uomo che divulgava il verbo; ai suoi occhi tutti gli altri erano dei coglioni ruba stipendio.

Io rimasi in silenzio per tutto il tempo, guardavo le slide proiettate sul video e poi guardavo la copia che mi era stata consegnata, il lavoro svolto da Belt e dalla Fismayer era stato fatto molto bene, non riuscivo a stare dietro a Nigiel, aveva una padronanza nella presentazione del documento impressionante, un'intelligenza superiore, non tradiva emozioni, era una vera e propria macchina da guerra.

La riunione finì e tutti ne uscirono frastornati, alcuni, molto pochi, conquistati, altri completamente annientati da Nigiel, soprattutto a farne le spese erano stati due commercialisti e tre manager, che ne uscirono con le ossa rotte.

Il sig. Briaton si prese quindici giorni per decidere cosa fare, voleva riflettere sull'opportunità di anticipare l'acquisto. Io mi presi la mia copia della presentazione e me ne stavo per andare a casa, quando Nigiel, prima di salutarci, convocò una riunione a Londra per il lunedì successivo. Era venerdì, così tra me e me pensai: "Bene così mi studio la presentazione e sarò pronto per lunedì". Ci salutammo, loro andarono in aeroporto e io a casa dai miei.

Venerdì sera, visto che era tanto che non andavo al GB, decisi di uscire, avevo voglia di farmi una birra e rivedere gli amici. Appena entrai Mik mi saltò addosso, come se non mi vedesse da vent'anni anni, era il suo modo di dimostrarmi che mi voleva bene. Ci bevemmo una birra insieme, per me era la prima, mentre Mik era molto più avanti, la quinta o la sesta. Mik mi conosceva bene, sapeva come ero fatto, sapeva come ero quando lavoravo al GB, nonostante tutta la birra che aveva in corpo mi disse che mi vedeva pensieroso, io non gli diedi importanza, ma aveva ragione, non riuscivo a togliermi dalla testa che c'era qualcosa che non tornava nella presentazione di Nigiel, tutto troppo bello, tutto troppo perfetto. Finita la mia birra salutai Mik, lui si arrabbiò, stavo andando via troppo presto, voleva parlare, voleva che gli raccontassi del mio nuovo lavoro, trovai la scusa che ero stanco, dopo un po' mollò il colpo e mi fece andar via. Volevo tornare a casa per controllare la presentazione, non avevo avuto modo di vederla prima di quella ufficiale, sicuramente mi sbagliavo, i professionisti erano loro, però volevo imparare e per farlo passai tutta la notte a controllare numeri, ricavi, margini, acquisti e pagamenti, sembrava tutto ok, ma la voce riguardante i costi non mi tornava, i numeri non mi tornavano di tanto. Nella simulazione dell'incorporazione, Nigiel aveva rappresentato solo i benefici, ma non i contraccolpi, inevitabili, che l'acquisto e l'incorporazione di un'altra azienda avrebbero comportato per la Galaxya. Nel lungo periodo, le economie di scala avrebbero premiato la scelta del sig. Briaton, ma nel breve avrebbero creato caos e un forte aggravio di costi nella società acquirente, costi non preventivati, si sarebbe verificata un'importante sofferenza finanziaria. Decisi che nella riunione di lunedì avrei dovuto assolutamente segnalare la problematica e porre la questione, numeri alla mano, sul tavolo. Mi sembrava impossibile, stavamo sottovalutando l'operazione e lo stavamo facendo a causa di numeri mancanti, sicuramente il ritmo forsennato a cui avevano lavorato Belt e la Fishmayer li aveva tratti in errore, ma come era possibile che due persone così esperte fossero incappate in errori così banali, che saltavano all'occhio anche di un pivellino come me?

Erano le tre di notte e di dormire non se ne parlava, non facevo altro che pensare ai numeri sbagliati. “Che faccio, chiamo Nigiel? No, meglio di no, non è il caso". Mi alzai, tanto non avrei dormito più, guardai su Google se riuscivo a trovare notizie su Belt e la Fishmayer; su Nigiel non avevo trovato niente. Appena digitai Simon Belt mi comparve di tutto e di più. Belt era stato inibito dai pubblici uffici, leggendo l'articolo trovai anche il nome di Nigiel, quindi continuai: loro due erano sia corrotti che collusi, erano stati allontanati da una società inglese che si occupava di intermediazioni finanziarie, perché prendevano tangenti, elargivano finanziamenti ad amici, corrompevano alti funzionari delle istituzioni dello stato inglese al fine di garantire la tranquillità dei loro clienti, così facendo scongiuravano eventuali, se non certi, controlli da parte delle autorità competenti.

Più leggevo e più la mia ansia aumentava, la domanda che mi ponevo era perché il sig. Briaton si era rivolto a Nigiel, era impossibile che un imprenditore come lui non sapesse, questo poteva accadere a uno sprovveduto quale ero io, ma a uno come lui no, assolutamente no, lo doveva sapere per forza.

Passai una domenica di merda, combattuto sul da farsi, mi assalivano un miliardo di pensieri, non volevo avere a che fare con persone del genere, sì mi piaceva il denaro, ma non così, non a tutti i costi. I dubbi mi stavano divorando, pensavo a fasi alterne, quindici minuti avevo una visione negativa della cosa, mentre nei quindici minuti successivi vedevo il bicchiere mezzo pieno: "Io sono onesto, ma magari lo sono anche loro, le persone possono sbagliare, ma possono anche cambiare". Allo stesso tempo mi dicevo: "Ma che cazzo dici, questi non sono dei 'verginelli' come te, questi da quanto trovato su internet sono dei banditi senza scrupoli".

Nel pomeriggio di domenica mi autoconvinsi che di sicuro sarei riuscito a chiarire tutto con Nigiel e con gli altri. Gli avrei fatto vedere i numeri e avrebbero capito immediatamente che si erano sbagliati, sicuramente avremmo dovuto riconvocare un'altra riunione con il sig. Briaton. Ecco bravo, ma perché il sig. Briaton aveva affidato questo lavoro a Nigiel? Questo punto non riuscivo a spiegarmelo, non trovavo una risposta o quelle che trovavo non mi piacevano: "Forse il sig. Briaton ha un'azienda non proprio specchiata e non può permettersi che queste informazioni vadano in mano a professionisti con la schiena diritta e seria, professionisti che potrebbero denunciare il tutto alle autorità competenti, boh... forse... chissà" mi dicevo.

V

Finalmente arrivò lunedì; il week-end era stato interminabile, infinito, lunghissimo, l'ansia me l'aveva fatto sembrare tale, non vedevo l'ora di affrontare l'argomento con Nigiel, Simon e Maryan. Arrivai in ufficio e mi accomodai nella piccola stanza che mi era stata assegnata, tre metri per tre, praticamente una cella, non era di certo grande, ma per iniziare andava più che bene. Grace mi aveva accolto con un bellissimo sorriso, oltre a me era arrivata solo la Fishmayer, andai così a salutarla, fare un po' il ruffiano non fa mai male, soprattutto a me, che ero l'ultimo arrivato. Lei non smentì la sua fama, Nigiel aveva fatto una descrizione perfetta, non tanto del fisico, ma del carattere e dell'umore, la Fishmayer era proprio una stronza, afflitta da tristezza contagiosa. La stronza, e sottolineo stronza, non aveva alzato nemmeno la testa per salutarmi, mi parlava guardando il pc, vestita come una suora laica, mezzo tacco, capelli lunghi neri raccolti in uno chignon. Ero uscito il più velocemente possibile dal suo ufficio, era quattro volte più grande del mio, ma non la invidiavo per niente, preferivo stare nel ripostiglio delle scope e rimanere come ero, piuttosto che avere un ufficio più grande e assomigliare a lei.

Nigiel e Belt arrivarono insieme, sorridenti e gentili come sempre, ci invitarono a raggiungerli in sala riunioni e senza troppi formalismi, ci chiesero cosa ne pensavamo di quanto fatto e visto il venerdì precedente. Prese la parola la Fishmayer, facendo una bellissima leccata di culo a Nigiel, complimentandosi con lui, dicendogli che era stato fantastico, che aveva conquistato il cliente e asfaltato i dirigenti, screditandoli e facendoli passare per inetti davanti al sig. Briaton. Belt continuò sulla scia della Fishmayer e non aggiunse niente di nuovo e di illuminante, credo che lui e Nigiel si fossero parlati prima di arrivare in ufficio e quello che dovevano dirsi se l'erano detti a quattrocchi. Toccava a me, avevo la schiena completamente bagnata di sudore, avevo paura, ma quando stavo per cominciare entrò Grace dicendo che in linea c'era la segretaria del sig. Briaton. Nigiel le disse di passare la telefonata in sala riunioni e di metterla in vivavoce, la segretaria ci annunciò che il sig. Briaton ci voleva parlare e gli lasciò la parola: «Buon giorno, Nigiel e buon giorno a tutti voi! Nigiel, credo sia il caso che tu e la tua squadra vi trasferiate a Dublino, ho bisogno di manager come voi, ho bisogno di strutturare la mia azienda, ci ho pensato per tutto il week-end, sto buttando via montagne di denaro per colpa di questi incapaci che mi ritrovo. Organizzatevi per venire qui in azienda il prima possibile, buon lavoro a tutti voi». Chiusa la telefonata, Nigiel contentissimo chiese a Grace di prendere una bottiglia di champagne dal frigo, saltava di gioia non stava nella pelle. Brindammo tutti felici; passati i venti minuti di cazzeggio, Nigiel ci spiegò che nei suoi colloqui personali con il sig. Briaton avevano valutato una possibile consulenza da parte della nostra società, incentrata sulla riorganizzazione aziendale e la razionalizzazione dei costi e, ovviamente, sull'aumento dei margini. Ora capivo perché i tre dirigenti erano incazzati neri e capivo ancora di più perché Nigiel nella presentazione li aveva attaccati senza esclusione di colpi. Trovai il coraggio di alzare la mano e presi la parola, evidenziando che non mi tornavano i numeri, l'impatto che avrebbe avuto l'acquisizione dell'azienda di Milano avrebbe generato costi ben più alti rispetto a quelli ipotizzati. Nigiel mi stoppò immediatamente, io praticamente non avevo detto nemmeno il cinque percento di quello che volevo dire, ma lui mi zittì e senza andarci troppo per il sottile si rivolse a me: «I tuoi numeri sono sbagliati, vedi di affiancarti a Belt così magari impari, ricordati che l'università è una cosa, mentre il lavoro è un po' più complicato; se vuoi restare con noi devi essere molto più umile, Henry, cerca di imparare mettendoti a disposizione senza essere presuntuoso, non te lo puoi permettere, tu non sai un cazzo!»

Avrei pagato tutto l'oro del mondo per scomparire, mi sarei accontentato anche solo di diventare invisibile: Nigiel mi aveva annientato, ma io ero arrabbiato soprattutto con me stesso, non avevo trovato il coraggio per controbattere ed esprimere il mio pensiero, avrei potuto dimostrargli le ragioni per le quali i numeri non tornavano, ma il timore di perdere il lavoro appena trovato, di tornare a casa dai miei e dirgli che mi avevano cacciato, la sconfitta che mi avrebbe costretto a dover ritornare dietro il bancone del GB, avevano vinto sulla mia convinzione. Mi sentivo male, ero sicuro di non aver sbagliato i conti, i miei numeri erano giusti, li avevo riguardati cento volte, li sapevo a memoria, eppure non avevo avuto il coraggio di difendere la mia tesi, il mio lavoro, me stesso.

La riunione continuò, Nigiel chiese alla Fishmayer se fosse stata disponibile a trasferirsi a Dublino per qualche mese o a fare la pendolare Londra-Dublino-Londra dal lunedì al venerdì: Maryan non lo fece nemmeno finire di parlare: «Mi trasferirò a Dublino» rispose.

Belt avrebbe fatto il pendolare, mentre Nigiel si sarebbe diviso tra Londra, Milano e Dublino; mi comunicò che io avrei fatto casa-bottega, questo se non ero troppo sicuro di me, troppo offeso o convinto di essere già un manager; se una di queste tre cose fosse stata presente nella mia mente, sarebbe stato meglio che le nostre strade si fossero divise in quel momento, perché non avevano tempo da perdere. Non risposi nulla, le mie orecchie andavano a fuoco, la temperatura delle mie guance aveva superato di molto quella del forno di mia madre quando cuoceva il pane. Mi dissi "sta zitto, Hanry, sta zitto e non muoverti", così facendo speravo che tutto finisse velocemente, addirittura mi ero autoconvinto che se fossi stato fermo, gli altri non avrebbero potuto vedermi, e invece no, sentivo gli occhi di Belt e della Fishmayer puntati sulla mia schiena, e i loro sguardi erano come coltelli, non mi facevano sanguinare, ma il dolore che provocavano era lo stesso.

Al termine dell'incontro Nigiel mi chiese di seguirlo nel suo ufficio, "ci siamo… sono morto, ora mi caccia" mi dissi. Entrai nel suo ufficio e rimasi sorpreso un'altra volta: Nigiel era dietro di me, chiuse la porta, mi disse di accomodarmi e mi fece un gran sorriso, sembrava un altro uomo rispetto a quello che poco prima mi aveva fatto a pezzi davanti ai miei colleghi. In modo garbato, mentre si accendeva l'ennesima sigaretta, mi disse che avevo molto da imparare, ma non era un problema, perché mi avrebbe insegnato tutto lui, con l'aiuto di Belt e della Fishmayer. Continuò dicendomi che essendo alle prime armi era bene che, durante le riunioni, ascoltassi il doppio e parlassi la metà; dato che avevo due orecchie e una sola bocca, una persona prudente, ma soprattutto intelligente, entra in punta di piedi, in particolare quando si è un novellino alle prime armi e si ha a che fare con dei professionisti. Il tono di voce di Nigiel era basso e conciliante, il sorriso era stampato sulla sua faccia, non sembrava nemmeno che fosse il mio capo a parlarmi, assomigliava più a un fratello maggiore, il fratello che non avevo mai avuto, per fortuna. Era veramente un tipo carismatico, riusciva a esaltare i propri collaboratori con un sorriso e a distruggerli con uno sguardo. Nigiel continuò dicendo che lui e il sig. Briaton si erano incontrati altre tre volte, prima della sera della cena. Li aveva presentati un suo ex collega, tale dott. Derek McFarland. Con quest'ultimo avevano lavorato insieme per sette anni in una società di revisione dei conti e quando si erano sentiti preparati per affrontare il mondo del lavoro da protagonisti, e non da soldatini pronti a scattare allo schioccare di dita del proprio capo, si erano gettati nella mischia prendendo strade diverse. Non aggiunse altro. Io ebbi il coraggio di chiedergli solo che cosa voleva che facessi, mi sentivo fortunato a non essere stato licenziato, cercai di essere accondiscendente e mi feci vedere il più disponibile possibile. Nigiel mi disse che sarei dovuto rientrare a Dublino immediatamente e sarei dovuto partire con lui e la Fishmayer. Prendemmo l'aereo delle diciassette, eravamo solo Nigiel, Maryan ed io. Appena atterrati, Nigiel ci salutò, si doveva vedere a cena con il sig. Briaton, ed io mi offrii di accompagnare Maryan nel suo albergo: in attesa di trovare un appartamento, si sarebbe appoggiata in un hotel in centro a Dublino. Arrivati le chiesi, più per educazione che per voglia, se le avrebbe fatto piacere mangiare qualcosa insieme, il GB non era lontano da lì, e poi volevo rivedere i vecchi amici e bere una birra, forse più di una, per dimenticare una giornata che mi aveva provato molto emotivamente. Lei accettò, con mia grande sorpresa. La passai a prendere alle venti e quarantacinque, le feci squillare il telefono, eravamo rimasti d'accordo così, era il segnale per farle sapere che ero lì fuori ad aspettarla. Io ero con l'auto di mio padre, un vecchio Defender di colore verde bottiglia con il tettino bianco, auto che avevo sempre amato; di tanto in tanto me la prestava, perché io non avevo un'auto mia e al bisogno facevo ricorso alla sua generosità, ma credo che la sua fosse più compassione che altro. La portiera della macchina si aprì e con mia grande sorpresa vidi una donna totalmente diversa da quella che avevo accompagnato un'ora prima in hotel: Maryan si era sciolta i capelli, si era messa un rossetto rosso, un paio di jeans strettissimi e dei sandali con tacco alto, aveva sempre la faccia e l'aria da stronza, ma ora era titolata ad averla, era bella, più che bella era donna.

Entrammo al GB; durante il tragitto non ci eravamo rivolti mai la parola, lei doveva recitare la sua parte, io ero frastornato non capivo niente, mi sembrava tutto e il contrario di tutto: quello che succedeva un secondo prima, il secondo dopo era diventato un'altra cosa. Mik mi saltò subito addosso e fece la stessa cosa anche con Maryan, tanto che tra me e me pensai "ora lo prende a schiaffi", invece lei fu molto carina con lui, sorrise per tutto il tempo fino a quando non ci sedemmo al tavolo. Feci cenno a Mary, la cameriera, che arrivò subito, le dissi di servirci prima possibile, avevamo fame. Maryan si prese un hamburger senza pane, delle uova e un boccale grande di Guinness, io un hamburger e un bicchiere piccolo di Murphy's, una birra scura. La serata scorreva bene, a Maryan il GB stava piacendo e anche Mik le stava simpatico, si era fatta due birre grandi, incominciava a sorridere e a rilassarsi, la maschera da stronza la stava abbandonando, io non avevo bevuto quasi niente, non ero un gran bevitore, non mi piaceva eccedere, anche perché le poche volte che l'avevo fatto ero stato male come un cane. Iniziai a parlare di lavoro, dicendo che avevo fatto proprio una figura di merda in riunione, lei mi rispose che Nigiel era un uomo senza cuore, che poteva risparmiarsi la scenata nei miei confronti, ma che non l'avrebbe mai fatto, non si sarebbe mai perso l'opportunità di distruggere un suo collaboratore di fronte ad altri colleghi, era il suo modo di marcare il territorio, di far vedere a tutti chi comandava. Maryan continuò dicendo che Nigiel era disposto a passare sopra a tutto e a tutti, per lui contavano solo i soldi, tutto il resto era solo contorno. Le dissi che dopo la riunione Nigiel aveva voluto vedermi in privato e che mi aveva rincuorato, parlandomi più da amico che da capo, che mi aveva raccontato dei suoi inizi, di lui e di Derek. Maryan ordinò il terzo boccale grande di Guinness, mi ascoltò senza mai interrompere, mi fece un sorriso, era la prima volta che la vedevo sorridere, cazzo era proprio bella, ma credo che il suo fosse un sorriso di compassione, e mi disse: «Henry, con il tempo scoprirai che ci sono tante verità, c'è la verità, c'è tutta la verità e nient'altro che la verità. Nigiel ti dice la verità che gli fa comodo dirti, ti racconta la sua verità, una verità che viene aggiustata di volta in volta». Continuò dicendo che Derek e Nigiel avevano preso due strade differenti, che erano due facce della stessa medaglia, che facevano parte dello stesso mondo, ma erano completamente diversi tra loro; Derek McFarland aveva aperto un suo studio da fiscalista, Nigiel invece aveva scelto una vita meno monotona, a lui piaceva fare il battitore libero, grazie alle conoscenze fatte durante i sette anni trascorsi nella società di revisione, dove avevano frequentato capitani di industria, imprenditori emergenti, banchieri di livello, amici dei banchieri di livello e soprattutto politici, che proteggevano il culo dei capitani di industria, degli imprenditori emergenti, dei banchieri di livello e soprattutto degli amici dei banchieri di livello. Nigiel era uno di loro, era un faccendiere a cui facevano ricorso imprenditori borderline, i quali non potevano permettersi di rivolgersi a manager moralmente integri. Non capivo perché Maryan mi stava dicendo quelle cose e perché fosse così arrabbiata con Nigiel da smerdarlo con me, che ero l'ultimo arrivato, sembrava una donna sedotta e abbandonata, che voleva vendicarsi, ma scoprii che non era così.

Maryan si stava dimostrando una persona diversa da come l'avevo etichettata e archiviata. Era simpatica, a volte sboccata, ma le poche parolacce, che ogni tanto le sfuggivano, dette da lei assumevano un tono non volgare, direi che le stavano quasi bene, la rendevano ancora più affascinante. Avevo completamente sbagliato la valutazione, questa versione della mia collega mi piaceva. Trovai il modo di chiederle il motivo per il quale fosse così risentita, direi incazzata, nei confronti di Nigiel, e la sua risposta non diede spazio a fraintendimenti, mi disse che per colpa delle bugie di Nigiel aveva lasciato il suo compagno, o meglio il suo compagno aveva lasciato lei. Il suo sguardo si spense di colpo, il ricordo le faceva ancora molto male, e concluse dicendo che era una bella persona con cui avrebbe molto volentieri voluto costruire una famiglia, ma che ormai la frittata era fatta, i rimpianti servivano a poco. Nigiel l'aveva illusa con promesse mai mantenute, promesse fatte per spingere una persona oltre i propri limiti, per spremere il limone fino all'ultima goccia, le aveva detto: "In breve tempo diventerai socia dello studio, con tutti i benefit che questo comporta: bonus ed entrate extra, auto, cellulare e pc aziendale". Questo avrebbe cambiato la vita sia a lei che al suo compagno, ma per conseguire tutto ciò avrebbe dovuto sputare sangue, lavorare a ritmi forsennati senza limiti di orari, inclusi i week-end. Maryan continuò dicendomi che il suo compagno non tollerava tutto questo, un uomo non riesce ad accettare che la propria compagna, moglie o fidanzata, torni a casa dopo di lui, che guadagni di più e che dorma spesso fuori per lavoro. Il sacrificio di Maryan era così durato più di cinque anni, il suo compagno le aveva detto addio dopo tre e quando c'era stato da nominare il nuovo socio, Nigiel aveva scelto Belt. Innervosita dai ricordi, Maryan urtò il suo bicchiere e si tirò addosso la birra che le bagnò completamente la maglietta, mettendo a nudo i suoi capezzoli, non portava il reggiseno, non ne aveva bisogno perché aveva un seno stupendo. Ero impalato, incantato davanti a lei, non riuscivo a non guardarla, lei se ne accorse e mi disse: «Forse è meglio che mi accompagni in hotel». Le rimediai una maglietta del GB, se la cambiò in bagno. Una volta in auto, mi disse che l'indomani sarebbe stato diverso, ognuno doveva riprendersi il proprio ruolo, in poche parole mi stava dicendo che lei sarebbe tornata a essere una suora laica e io il pivello alle prime armi.

Mi fermai per farla scendere di fronte alla porta dell'hotel, lei si girò verso di me, si avvicinò, la mia bocca era a non più di cinque centimetri dalla sua; pensai: "Mi sta per dare un bacio", e invece mi disse: «Quello che ci siamo detti stasera deve rimanere tra noi due». Io non riuscii a dirle nient'altro che: «Sì, ok...» ero agitato, avevo queste labbra rosse a portata di bacio, ma non riuscivo a muovermi.

Maryan mi salutò e scese dall'auto, la borsa le cadde, si piegò per raccoglierla e dai pantaloni fece capolino un perizoma a filo nero, non riuscivo a distogliere il mio sguardo dal suo culo, ero completamente rapito, ma come era possibile: suora laica di giorno e femme fatale di notte?

Misi la prima e partii, sarebbe stata dura dormire e non pensare alla mia collega, ma la stanchezza stava prendendo il sopravvento e una volta arrivato a casa non pensai ad altro che a riposare.

VI

La mattina arrivai molto presto presso la sede della Galaxya, Nigiel era già lì, insieme a lui c'era Belt, erano entrambi alla macchinetta del caffè, li salutai, mi offrirono di bere qualcosa con loro, mi dissero che la Fishmayer era già nella saletta che ci avevano messo a disposizione, io morivo dalla curiosità di vedere come si era presentata al lavoro, la raggiunsi: «Buon giorno, Maryan!» lei alzò la testa e mi salutò, Maryan non si smentiva, capelli raccolti, vestito color tortora e ballerine, la messa poteva iniziare.

Mi sedetti di fronte a lei, Nigiel e Belt ci raggiunsero; Nigiel partì subito in quarta, chiese a Maryan di contattare il legale della Mercury per concordarsi e scambiarsi il testo del regolamento della *due diligence*, comunicandoci che, a differenza di come precedentemente pensato, era meglio che Belt si fosse trasferito a Milano rimanendoci in pianta stabile, in quanto sarebbe stato lui a gestire le informazioni e i dati che avrebbero costituito la *due diligence*, dati che poi sarebbero stati presentati al sig. Briaton e al CdA della Galaxya. Nigiel avrebbe trascorso una settimana nella sede della Galaxya e una in quella della Mercury.

Il sig. Briaton bussò ed entrò sorridente, ci salutò e abbracciò Nigiel che lo guardava come un uomo guarda la donna di cui è innamorato, si vedeva che era affascinato da lui. Ritornò sull'argomento della riorganizzazione aziendale della Galaxya, sottolineando che non dovevamo fare prigionieri, le persone che non sarebbero state ritenute adeguate al ruolo dovevano essere cacciate, non dovevamo farci alcun problema, e prima di salutarci disse: «Nigiel mi ha dimostrato che spendiamo troppo e produciamo meno di quanto saremmo in grado di fare, vi chiedo di essere rapidi, eliminiamo le mele marce e chi non è di aiuto, dovremo essere pronti ad assorbire il personale che dalla sede milanese si trasferirà a Dublino, sicuramente ne verranno pochi, ma chi ha un inquadramento alto verrà senz'altro, piuttosto che perdere il posto di lavoro, anche se a malincuore proverà a trasferirsi». Il sig. Briaton prese sottobraccio Nigiel e insieme si incamminarono verso il suo ufficio.

Il modo di fare sicuro di Nigiel era il suo punto di forza, per lui niente rappresentava un problema, gli altri erano tutti stupidi e l'unico che capiva sempre ogni cosa era lui. In effetti, aveva una marcia in più rispetto a tutti noi, devo dire che era l'uomo più abile e scaltro che avessi incontrato, la sua velocità di ragionamento era impressionante, niente lo sorprendeva, aveva una risposta per tutto, i miei vecchi professori di università rispetto a lui erano dei semplici apprendisti, delle mezze seghe, tutta teoria e zero pratica.

Dopo poco più di mezz'ora, Nigiel ritornò nella nostra saletta comunicandoci che aveva ottenuto carta bianca dal sig. Briaton, e che quindi poteva decidere come meglio credeva. L'idea era di far fuori sei dei dieci manager che sarebbero stati presenti all'incontro del 15 di settembre. Non stavo capendo il perché dovevano essere licenziati e perché solo sei di loro.

Seguendo il consiglio fraterno di Nigiel, parlavo la metà e ascoltavo il doppio, i miei colleghi non facevano domande e perché avrei dovute farle io, pensai agli affari miei e non diedi soddisfazione alla mia curiosità.

Nigiel, poi, disse a Maryan di affiancare il legale della Galaxya: «Vedrai che nei prossimi giorni le richieste di buonuscita non mancheranno. Tu, Henry, invece, mi aiuterai nella creazione del nuovo organigramma post-acquisizione, però prima dobbiamo fare un po' di pulizia». Io ero felice, potevo lavorare spalla a spalla con il maestro, avrei avuto la possibilità di imparare dal migliore, da quello più sveglio, allo stesso tempo non dovevo dimenticare che Nigiel era spietato, un bastardo che non avrebbe fatto sconti a nessuno.

Appena rimasti soli, Nigiel illustrò il suo piano, voleva far fuori i dirigenti dall'area amministrazione e finanza, li riteneva inadeguati, impresentabili per un'azienda in procinto di un'acquisizione così importante, che le avrebbe permesso da lì a poco di quotarsi in borsa.

Ci mettemmo subito al lavoro, Nigiel aveva fretta, non voleva perdere nemmeno un minuto, forse voleva dare a tutti l'esempio o forse aveva altro in mente, o semplicemente godeva nel vedere le persone strisciare ai suoi piedi, supplicandolo di non licenziarli. Fu chiaro con me, mi spiegò il comportamento da tenere durante gli incontri, mi suggerì di mostrarmi affranto per le cose, assolutamente poco piacevoli, che da lì a poco avrebbe detto a quei poveretti. Ancora non li avevo visti, ma riuscivo ad avvertire il loro timore, anzi la loro paura di non sapere cosa li avrebbe aspettati una volta varcata la porta, ma io sì, lo sapevo, li aspettava un uomo che avrebbe giocato con loro.

Per lui era poco più di un gioco, mentre per loro sarebbe stato un dramma.

Mi disse di scuotere la testa, di rendere evidente, con l'espressione del viso, con il linguaggio del corpo, il mio totale disaccordo, non dovevo far altro che rimanere in assoluto silenzio, perché solo lui doveva interloquire con i dirigenti, nessun altro.

Incontrammo nell'ordine: Murphy (direttore amministrazione), O'Bryan (direttore controllo gestione), McKinney (direttore finanza e controllo) e Doyle (direttore pagamenti). Nigiel si accanì soprattutto contro Murphy e McKinney, li umiliò al punto tale che Murphy ebbe un malore appena rientrato nel suo ufficio, uno sbalzo di pressione che per poco non lo fece secco. Nigiel alternava il tono della sua voce, amichevole a tratti, indemoniato l'attimo dopo, li stava colpendo su tutto, dal non raggiungimento dei risultati attesi, all'abbigliamento non adeguato al ruolo ricoperto. McKinney aveva dei tic e, per quanto difficile da credere, ebbe un trattamento ancora più duro rispetto a quello subito da Murphy. Nigiel gli disse con un ghigno stampato in faccia che tradiva l'immenso piacere che provava nel farlo: «Per lei non c'è spazio, lei è un lusso che non ci possiamo più permettere, come sa, il suo costo è molto elevato, o meglio, il suo stipendio è inversamente proporzionale al contributo da lei apportato all'azienda, è troppo molle con gli istituti finanziari, con le banche, inoltre non ha il rispetto dei sui collaboratori, non è riconosciuto da loro come capo». Nigiel gli urlava contro, sembrava che ci provasse gusto a distruggere le persone che gli capitavano a tiro; a un certo punto temetti persino che gli mettesse le mani addosso: Nigiel era senza cuore, si stava approfittando di McKinney, del suo carattere mite e introverso, si vedeva lontano un miglio che non aveva lo spessore e la capacità di controbattere e di tenergli testa.

Il povero McKinney non rispose mai, ascoltò in silenzio chiese se c'era la possibilità di essere ricollocato in altre posizioni all'interno dell'azienda, era disposto a ridursi lo stipendio, pur di non perdere il posto di lavoro, ma la risposta con voce calma e decisa fu "mi spiace ma non posso aiutarla, per lei non c'è più spazio all'interno del gruppo". McKinney ci salutò educatamente e con una calma, che io non avrei mai saputo mantenere, andò tranquillamente nel suo ufficio, chiuse la porta dietro di sé, telefonò a casa alla moglie per un saluto, come abitualmente faceva ogni giorno, scrisse un biglietto, aprì la finestra alle spalle della sua scrivania e si gettò di sotto.

Sentimmo un urlo atroce, erano le grida di una donna, la segretaria di McKinney che correva con le mani nei capelli, sembrava impazzita, era terrorizzata, le sue lacrime cadevano copiose a terra. Entrammo di corsa nell'ufficio di McKinney, la finestra era aperta, l'ufficio era vuoto. La scena che vidi sporgendomi non la dimenticherò mai, McKinney era disteso a terra riverso in un'enorme pozza di sangue, la testa era spaccata, ma lui si muoveva, sicuramente erano spasmi, i nervi si contraevano; corsi giù dalle scale per cinque piani, non lo so nemmeno io perché correvo, sapevo che non c'erano speranze, ma non riuscivo a smettere di correre, mi mancava l'aria non riuscivo a respirare, era la prima volta che vedevo un essere umano morente, volevo fare qualcosa, ma non sapevo nemmeno io cosa. Arrivai da McKinney, c'erano già delle persone intorno a lui; McKinney si contraeva e rantolava, nessuno faceva niente, nemmeno io, dopo un paio di minuti il corpo non si muoveva più, anche gli spasmi erano cessati, McKinney era morto.

Iniziai a vomitare dietro a una macchina, non riuscivo a smettere, mi contorcevo e vomitavo, mi sentivo colpevole di quanto accaduto, anche se non avevo detto una sola parola, perché questi erano gli ordini di Nigiel, nonostante ciò mi sentivo ugualmente colpevole, un uomo era morto forse anche a causa mia.

In pochi minuti, il personale della sede, centoquarantasette persone, si divise equamente tra chi sostava di fronte all'ufficio del povero McKinney e chi era sceso sul piazzale attorno. Dopo qualche minuto di cordoglio, la rabbia dei dipendenti prese il sopravvento, ci urlarono di tutto, squali, assassini, tagliatori di teste, mercenari... era più che comprensibile, avevano ragione loro, eravamo arrivati da poco meno di un giorno e avevamo fatto un morto e un ferito, nemmeno fossimo stati in guerra.

Nigiel reagì come al suo solito, ormai il suo comportamento non mi stupiva più, a lui non importava niente di nessuno, pensava solo a se stesso, pertanto non rimasi sorpreso quando lo vidi accendersi la solita sigaretta e dirigersi verso la macchinetta del caffè, come se non fosse successo niente, come se la cosa non lo riguardasse.

Trascorsero pochi minuti e vedemmo sbucare dalla strada che immetteva sul piazzale privato della Galaxya due macchine della polizia e un'ambulanza, giustamente qualcuno li aveva chiamati. Presero un telo verde, coprirono il corpo disfatto di McKinney e chiesero a tutti di rientrare in ufficio. Il cadavere non poteva essere rimosso, dovevano aspettare l'arrivo del magistrato. McKinney rimase per più di quattro ore sotto quel telo verde, prima di essere finalmente portato via dall'ambulanza.

Il sig. Briaton uscì dal suo ufficio solo dopo che il corpo di McKinney fu rimosso, ci raggiunse nella nostra saletta e disse a Nigiel: «Hai fatto tu la frittata, ora tocca a te pulire; sei qua da un giorno, hai trovato il modo per farti odiare da tutti, forse è quello che volevi o forse no, ma l'unico risultato raggiunto è il contrario di quello che ti avevo chiesto, anziché diminuire i costi, li hai aumentati. Sono cinque ore che qui non fa un cazzo nessuno!»

Ero allibito, ma possibile che l'unico normale in quella stanza ero io? Era morta una persona, ma non importava niente a nessuno.

Credo che Belt non si fosse nemmeno alzato dalla sua scrivania, guardai Maryan, lei stava facendo di tutto per non incrociare il mio sguardo, aveva la faccia praticamente dentro lo schermo del suo pc, le sue mani tremavano vistosamente. Cercava di non tradire alcuna emozione, per far vedere che era come gli altri due, ma non era così, percepivo il suo spavento dal suo viso, contrito e schifato.

Nigiel decise di non incontrare altri dipendenti, non era proprio il caso, doveva far sbollire la rabbia di tutti, ci disse che avrebbe cenato in centro con Belt e poi lo avrebbe accompagnato in aeroporto. Belt doveva arrivare a Milano in nottata, in modo tale che l'indomani potesse essere alla Mercury molto presto.

La preoccupazione di Nigiel non era rivolta alla famiglia del poveretto, questo pensiero non lo sfiorava minimamente, era in apprensione per tutt'altro, temeva che la notizia del suicidio di McKinney potesse arrivare alle orecchie dei dipendenti della Mercury, innervosendoli e rendendoli meno disponibili nei nostri confronti. Disse a Belt come comportarsi: «Se dovessero farti delle domande su McKinney, tu rispondi che era fortemente depresso, perché la moglie dopo un lungo periodo di litigi lo stava lasciando per un altro e che questa stronza gli stava portando via le due figlie, rispettivamente di sette e undici anni, e che lui, poveretto, nonostante fosse seguito da uno psicologo, non è riuscito ad accettare questa situazione e ha deciso di farla finita, togliendosi la vita».

Rimasi a bocca aperta per la velocità con cui aveva elaborato una storia simile, l'unica cosa vera che l'animale aveva detto era che quel poveretto di McKinney aveva due figlie piccole, tutto il resto erano falsità, generate della sua mente criminale.

I capannelli di persone nei corridoi stavano diminuendo, questo era la dimostrazione che tutto passa e ad averne la peggio è sempre chi muore; a distanza di poche ore, il dolore lasciava spazio alla routine. Ognuno pensa a se stesso, ognuno pensa alla propria casa, ai propri cari, tutto il resto è contorno, educazione, convenevoli, che dopo poco, come tutte le cose, vanno a finire nella scatola dei ricordi.

Stavo imparando anche questo; tutto ciò che non mi riguarda, che non mi tocca personalmente mi deve scivolare addosso. Aiutare il prossimo, rispettare gli altri, aiutare chi ha bisogno... sì tutto molto bello, ma sono solo parole con cui la maggior parte delle persone si riempie la bocca, tenta di lavarsi la coscienza e che usa per darsi un tono durante le cene con gli amici. La verità è solo una: non ce ne frega un cazzo di nessuno, se non di noi stessi.

Maryan sembrava provata e allo stesso tempo alienata da questa situazione: era morto un uomo per colpa del nostro arrivismo; era vero che lei non aveva partecipato all'incontro con McKinney, ma faceva parte della squadra di sterminatori che, in pochi minuti, anche se non volontariamente, lo aveva indotto a togliersi la vita e che inevitabilmente avrebbe distrutto anche quella dalla sua famiglia.

Nigiel, prima di iniziare il giro di colloqui, ci aveva detto che la bastonata che avremmo sferrato il primo giorno ci avrebbe spianato la strada per i licenziamenti dei giorni futuri. Be' eravamo stati bravi, la bastonata era stata infatti tremenda, avevamo indotto un uomo al suicidio.

Prima di accompagnare Belt, Nigiel affermò che l'indomani avremmo dovuto farci vedere dal personale della sede tranquilli, come se non fosse accaduto nulla, rispettosi, ma indifferenti. Sicuramente per lui sarebbe stato senz'altro facile, ma per me un po' meno. Io non sapevo veramente come avrei fatto a sostenere lo sguardo delle persone, avevo paura che la loro reazione sarebbe stata molto rabbiosa nei nostri confronti.

Maryan, alla fine di quella terribile giornata, mi chiese se mi andava di cenare insieme, voleva tornare al GB, sperava che con l'aiuto di qualche birra potesse dimenticare per qualche ora ciò che era successo. Le risposi che ero libero, speravo di capirci qualcosa di più, volevo conoscere meglio lei, e tramite lei volevo conoscere meglio Nigiel. La passai a prendere alle venti e trenta, mi fece aspettare dieci minuti, ma ne valeva la pena: era bellissima, era la reincarnazione di mister Jackie e dottor Hyde, si trasformava, era completamente diversa.

Mi rendo conto che sia difficile da credere, ma la sera era la donna dei sogni di ogni uomo, mentre la mattina una donna impossibile da sognare.

Tubino nero, capelli in perfetto ordine, rossetto sempre rosso acceso, sandalo con tacco alto, la sera incominciava a far freddo, ma lei non portava le calze e non aveva un coprispalle, sembrava quasi che non volesse niente che si frapponesse tra lei e lo sguardo degli uomini. Era difficile non guardarla, era notevole. Nonostante ciò, non ne ero sorpreso, me l'aspettavo, la prima sera ero rimasto a bocca aperta, ma adesso avevo capito che Maryan al lavoro indossava una maschera che le permetteva di essere valutata per quello che era, per come lavorava e non per il suo aspetto, non per le sue forme o per il suo rossetto rosso. Mentre la sera era lei, la vera Maryan, voleva sentirsi donna e mostrarsi al mondo per quello che era, non doveva rendere conto a nessuno e non aveva paura di essere giudicata, la sera era padrona di sé.

VII

Il GB era pieno come sempre e anche Mik era già pieno, si era sbaciucchiato Maryan da quando avevamo varcato la porta a quando avevamo raggiunto il nostro tavolo. Con Mik lei era molto carina, e a me questo faceva piacere, era la seconda volta che lo vedeva, nonostante ciò, gli sorrideva e scherzava con lui come se lo conoscesse da tempo.

Mik la sorprese al punto tale da farla commuovere, l'aveva ritratta in un suo quadro. La scena dipinta era all'interno del GB, lei seduta da sola, con un boccale di birra scura appoggiato sul tavolo, avvolta da una nuvola di fumo, un uomo e una donna che si baciavano alle sue spalle. Mik l'aveva ritratta bellissima, non più di quanto non lo fosse in realtà, ma era terribilmente sola. Mik era riuscito a rappresentare l'anima di Maryan, aveva scavato dentro di lei e aveva mostrato il dolore che covava nel suo io. L'aveva vista solo una volta, avevano parlato poco e niente, ma l'aveva osservata tutta la sera ed era riuscito a carpire il suo segreto.

Lei era rimasta profondamente colpita da Mik, le stava piacendo tutto del mio mondo, l'ambiente, il calore del GB, gli amici; Mik si fece una birra con noi, poi iniziò a vagare tra i tavoli, conosceva tutti e tutti conoscevano lui, la gente gli voleva bene e lo stimava, perché oltre a essere uno a cui piaceva bere e stare in compagnia era anche un gran pittore, riusciva a campare bene con i suoi quadri, era riuscito a farsi pagare per quello che amava fare, in qualche modo lo invidiavo.

Era riuscito a trovare la felicità, che essa fosse in fondo a un boccale di birra o ritratta in un quadro cambiava poco, lui era felice, mentre io... boh, non lo sapevo più nemmeno io cosa volevo, anzi no, io quello che volevo lo sapevo, ma quello che avevo visto accadere non mi era piaciuto, io non ero così, forse era per questo che mi sentivo così male.

Maryan non smetteva di guardare il quadro, sembrava che ci si stesse specchiando, ma quello che vedeva non le piaceva più di tanto, perché le stava mostrando ciò che lei tentava di nascondere al mondo che la circondava e che rifiutava di ammettere anche a se stessa, di essere una donna terribilmente sola.

Ordinai altre due birre e iniziammo a mangiare, si erano fatte quasi le ventidue e non avevamo messo in bocca ancora niente; la serata stava passando bene, nonostante fosse impossibile cancellare dalle nostre menti quando accaduto nel pomeriggio.

Chiesi a Maryan cosa stavamo facendo alla Galaxya, lei mi rispose candidamente: «Quello che facciamo sempre, Henry, quello che Nigiel ama fare, quello che è più facile da fare, ovvero entrare nelle aziende altrui e criticare l'operato del management, individuando i dirigenti più vulnerabili. Nigiel troverà sempre terreno fertile agli occhi della proprietà, per la quale l'erba del vicino è sempre più verde. Tutti i proprietari di aziende sperano di trovare l'uomo che risolva loro i problemi, che trasformi l'acqua in vino, che faccia aumentare i risultati delle loro società diminuendo i costi, Nigiel in questo è un maestro, lui è disposto a tutto pur di guadagnare la stima del sig. Briaton e la scorciatoia per ottenere ciò è screditare i dirigenti della Galaxya. Henry, è bene che impari presto che Nigiel è così, è come il cuculo che depone il proprio uovo all'interno del nido di altre specie di uccelli, le uova assomigliano molto a quelle della specie ospite, alla schiusa il piccolo di cuculo rompe per primo il guscio e con l'aiuto del dorso si sbarazza delle altre uova non ancora schiuse, rimanendo quindi l'unico nel nido. I genitori adottivi vengono ingannati da questo comportamento e nutrono il cuculo come se fosse un proprio figlio».

Sapevo cos'era il cuculo e in questo caso l'esempio fatto da Maryan calzava a pennello, McKinney non era stato spinto fisicamente, ma aveva finito per fare la stessa fine delle uova. La pressione psicologica e l'umiliazione provocata da Nigiel potevano essere paragonate a una spinta, che aveva determinato la morte di un uomo.

Chiesi a Maryan perché collaborasse con persone come Nigiel e Belt, la risposta fu sincera quanto banale: «Henry, devo pur mangiare, ho quarantotto anni e non posso contare solo su di me, sono sola come mi ha dipinto Mik, con uno stipendio che mi permette di essere indipendente e con un'insoddisfazione cronica, che mi opprime quotidianamente. Insoddisfazione che sul lavoro a noi donne ci perseguita da sempre, per essere apprezzate e valorizzate dobbiamo impegnarci fino allo stremo, ma questo non basta, non è ancora sufficiente, nonostante in molti, moltissimi casi siamo migliori rispetto a voi uomini, non veniamo prese in considerazione per ricoprire ruoli e incarichi dirigenziali. È sempre stato così e credo che ciò non cambierà mai, dovremmo rassegnarci, ma non ci riusciamo e perciò soffriamo, è nella natura delle cose, ma non smetteremo mai di lottare, perché anche questo e nella natura delle cose».

Il discorso di Maryan suonava come una minaccia, c'era da aver paura, ma i suoi occhi la tradivano, il suo sguardo era fragile, sia ben chiaro non debole, ma sofferente per quanto aveva sacrificato. Non lo disse, ma credo che si fosse pentita non poco per aver dedicato tutta se stessa al lavoro e non alla vita privata, al suo compagno, che per questo l'aveva lasciata, per poi ritrovarsi cornuta e mazziata, visto che tutto ciò non le era stato riconosciuto. Nigiel aveva spinto anche lei giù dal nido.

La serata stava trascorrendo, la birra piano piano stava avendo la meglio sui malumori della giornata, stavo riuscendo a far parlare Maryan di sé e lo stava facendo volentieri, scoprendo il suo lato umano, il suo sguardo era diventato fragile e raffinato. Di tanto in tanto i suoi occhi verdi si inumidivano e tradivano una certa emozione. I ricordi hanno l'antipatico compito di far affiorare gioie, rimpianti, momenti che non rivivremo mai più. Ce l'aveva stampato in faccia il rammarico per aver fatto la scelta sbagliata. Sì, lo sapeva, ne era cosciente, era stata tutta colpa sua, era stata tentata da Nigiel e lei ci aveva creduto al punto tale da alienarsi da tutto e tutti, pensava solo al lavoro, non esistevano più né genitori, né amici e non esisteva più nemmeno Jeson, questo era il nome dell'uomo che l'aveva lasciata dopo tre anni di sue continue assenze, ritardi, e week-end passati separati.

Non so perché lo feci, ma mi venne naturale, l'abbracciai stringendola forte a me, lei ricambiò e per qualche secondo appoggiò la sua testa sul mio petto.

Non sapevo più cosa fare, per fortuna arrivò Mik che ci tolse dall'imbarazzo unendosi anche lui al nostro abbraccio. Ci mettemmo a ridere come dei matti e ordinammo un'altra birra, l'ultima prima di andare via. Tra una birra e l'altra si erano fatte le due di notte, il GB si stava svuotando e forse era il momento che anche noi si prendesse la via di casa, ci aspettava un'altra giornata di fuoco. Io avrei continuato ad assistere Nigiel negli incontri con i dipendenti, mentre Maryan avrebbe passato la prima giornata di lavoro con l'avvocato della Galaxya, anche lei era una donna, più o meno erano coetanee, ma completamente diverse. Alicia Adams, questo era il suo nome, era bionda e faceva di tutto per mettersi in mostra, mentre Maryan, al lavoro, faceva di tutto per passare inosservata. Anche se io e Nigiel non l'avevamo ancora incontrata, lei era passata quattro o cinque volte davanti alla porta della nostra saletta, tacchi altissimi e gonna molto corta. Sapeva di essere bella e si giocava le sue carte, compresa quella di civettare, ma era cascata male con Nigiel, lui era immune a queste provocazioni.

Ci avviammo verso l'hotel, Maryan per sedersi nel mio Defender si era dovuta arrampicare, era molto alto e con i tacchi credo dovesse essere un'impresa salirci, una mezza scalata. Il vestito le era salito su scoprendole completamente le cosce. Io cercavo di non guardare, ma era una battaglia persa in partenza, lei se ne accorse, ma non fece niente per coprirsi; mancavano poche centinaia di metri per arrivare in hotel, ma a me sembravano non passare mai, non riuscivo più a dire niente, non sapevo cosa fare, o meglio, lo sapevo, ma avevo paura di farlo.

Arrivati, fermai la macchina, mi girai per salutare Maryan, ma lei mi prese in contropiede e mi chiese se volevo salire nella sua camera. Non riuscivo a crederci, mi sembrava tutto un sogno. Entrammo nella hall, io ero leggermente imbarazzato, il portiere che faceva il turno di notte mi guardava, mentre io cercavo di tenere lo sguardo basso, non volevo essere riconosciuto, avevo paura che potesse essere un cliente del GB o, peggio ancora, che in qualche modo Nigiel lo potesse venire a sapere. Finalmente entrammo in ascensore, le porte si chiusero e Maryan venne verso di me e mi diede un bacio; mi sentivo al settimo cielo, io ventiquattrenne, lei il doppio della mia età, ma ne dimostrava dieci di meno, era bellissima e mi stava baciando, e baciava benissimo.

Anche qui mi sentivo un pivellino in balia della maestra. Entrammo in camera, il letto era alle mie spalle; lei mi diede una spinta facendomi distendere, rimase in piedi di fronte a me, si sfilò il tubino nero, non aveva il reggiseno nemmeno quella sera, aveva un seno stupendo, perfetto, rimase ancora in piedi davanti a me, voleva essere ammirata: indossava solo un perizoma striminzito e i sandali, tutto il resto era solo e soltanto pelle, la sua pelle, sapeva di essere stupenda e sicura di sé.

Si sedette sopra di me e iniziammo a fare l'amore. Lo facemmo per tutta la notte fino alle sei del mattino, potevo mancare di esperienza, ma avevo un'energia che nessun suo coetaneo poteva avere.

Lei fortunatamente alle sei del mattino crollò; erano state quattro ore intese, io non riuscivo a dormire l'adrenalina che avevo in corpo non me lo permetteva, avevo fatto l'amore con una donna bellissima, con una donna molto più grande di me e che per di più, era una mia superiore... be' non ci voleva molto ero l'ultimo arrivato.

Stavo vivendo tante emozioni in un brevissimo lasso di tempo. Mai mi sarei immaginato di vivere in un solo giorno tutto quello che mi stava accadendo. Per qualche ora McKinney scomparve dai miei pensieri, io non ero diverso degli altri, per qualche ora avevo pensato solo a me, fregandomene di tutto il resto.

Mi alzai e senza far rumore mi rivestii alla meglio e andai via, prima di uscire scrissi su uno dei biglietti da visita che Maryan aveva lasciato sopra al comò, vicino alla borsa da lavoro: "Sei unica".

Salii in auto e percorsi la strada più lunga per arrivare a casa dei miei, stavo rivivendo nella mia mente la notte appena trascorsa, mi sentivo un padre eterno, mi sentivo al settimo cielo, poi, dopo alcuni secondi, tornai a sentirmi una merda.

In cinque chilometri il mio umore era passato dalle stelle alle stalle cento volte, mi sentivo uno stronzo e non riuscivo a trovare nessuna giustificazione che mi convincesse che non ero una merda come loro.

Mentre ero sotto la doccia, pensavo al comportamento che avrei dovuto tenere al lavoro nei confronti di Maryan, non c'eravamo messi d'accordo, ma comunque c'era poco da pensare, avrei fatto finta di niente, per me Maryan, varcata la porta di ingresso della Galaxya, doveva essere una suora laica indesiderabile, ma facile a dirsi… un po' meno a farsi.

Mentre mi asciugavo, vidi riflessi allo specchio dei segni sulla mia schiena, chiamali segni, mi aveva scorticato vivo, soprattutto sul lato destro; Maryan era mancina, sicuramente aveva fatto più forza, sembrava fossi stato malmenato, eppure nel mentre non mi ero accorto di niente.

Finii di vestirmi e scesi in cucina, mia madre e mio padre stavano facendo colazione, non si erano accorti che ero rincasato da poco. Mangiai una cosa al volo con loro, iniziarono a chiedermi come andava il lavoro, ma io risposi laconico che andava tutto bene, non potevo raccontargli che stavamo sterminando il personale di un'azienda e che uno di loro si era ucciso, non avrebbero capito, la mia spiegazione sarebbe stata vana.

Arrivai in ufficio, Maryan senza farsi vedere mi sorrise per un secondo, poi si fece scura in viso e rientrò nella parte.

Nigiel mi aspettava seduto alla sua scrivania, stava fumando la solita sigaretta, era già in tiro, pronto a demoralizzare e mortificare i malcapitati.

«Henry, finalmente sei arrivato!»

«Ma sono le otto e quarantacinque, i colloqui iniziano alle nove, giusto?» lui era seccatissimo.

«Tu fai parte della nostra squadra, io e Maryan eravamo qui alle otto, loro possono arrivare alle nove, ma noi no».

Bene, mi dissi, la mattinata stava iniziando proprio bene; con le orecchie basse mi avviai verso la saletta dei colloqui, in cui trovai una signora. Guardai la lista, ma il primo doveva essere un uomo, chiesi, dunque, alla donna come si chiamava e prima che lei mi rispondesse, le dissi che forse si era sbagliata, che non era il suo turno. «Sono la signora McKinney…» non riuscii a dire niente, ero completamente spiazzato, non sapevo cosa fare.

Arrivò Nigiel, e gli dissi chi era la signora e lui, con una calma assoluta, completamente padrone della situazione, la salutò stringendole le mani in mezzo alle sue e porgendole le sue più sentite condoglianze.

La signora McKinney diede la mano a Nigiel, ma mentre lui recitava la parte dell'afflitto, lei gli sputò in faccia, uno sputo bello, intenso, pieno di rabbia, che lavò completamente il bel viso appena rasato di Nigiel. Io, in cuor mio, godevo come un matto, parteggiavo per la poveretta, la quale era a conoscenza dell'accaduto nei minimi dettagli, in quanto i colleghi di suo marito erano andati a trovarla a casa e le avevano raccontato tutto senza tralasciare niente.

La signora fissò per alcuni secondi Nigiel, lui non disse niente, lei invece si tolse ancora una piccola soddisfazione prima di andar via: «Lo dovevo a mio marito, so che non lo riporterà in vita, ma dovevo farlo, dovevo farlo per lui, per le nostre due figlie e anche per me, andate tutti al diavolo, bastardi che non siete altro!» e se ne andò.

Nigiel tirò fuori un fazzoletto e si asciugò il viso, si prese un momento per lui e andò in bagno a ricomporsi, nemmeno due minuti, e uscì come nuovo: «Chi è il primo, Henry?» Iniziammo gli incontri con i dipendenti, come se non fosse successo niente, come se la signora McKinney non fosse mai esistita.

VIII

Le persone che incontravamo entravano nella saletta con la coda tra le gambe, la tensione era palpabile, ma Nigiel continuava nella sua azione di distruttore come si era prefissato, ovvero fregandosene di tutto e di tutti.

In cinque giorni colloquiammo trentadue persone, riuscendo a ottenere un morto, un ricoverato in ospedale per pressione alta, quattro licenziamenti consensuali, accordi per lasciare l'azienda dietro un cospicuo compenso di buonuscita e otto demansionamenti di ruolo.

Nigiel aveva voluto la testa di tutti e otto i capiservizio e al loro posto aveva promosso i loro vice, questa mossa aveva ottenuto un duplice effetto: il primo, che Nigiel era odiato dagli otto ex capi, questi erano arrabbiati e demoralizzati con un piede fuori dall'azienda, sarebbe stata solo una questione di tempo e poi avrebbero chiesto un incontro al nostro ufficio legale per trattare la dipartita dietro compenso, l'altra, che i nuovi otto capi erano dei fedelissimi di Nigiel, gli dovevano un avanzamento di carriera insperato, con relativo aumento di stipendio, per loro era Dio sceso in terra.

La cosa che mi lasciava perplesso era la velocità con cui venivano chiuse le trattative per le buonuscite, venivano elargite somme importanti, che potevano essere evitate soltanto lavorandoci un po', sarebbe bastato solo essere pazienti e le loro pretese si sarebbero ridimensionate di molto, ma niente, per lui l'importante era chiudere velocemente, tutto il resto contava poco, non aveva alcuna rilevanza.

Belt a Milano procedeva come un treno; dalle relazioni e dagli aggiornamenti che ci inviava, sembrava che l'azienda italiana fosse nel futuro, mentre la Galaxya era rimasta ancora all'età della pietra.

Era tutto bello da una parte e tutta merda dall'altra, era altrettanto evidente che, da quanto diceva Belt, la Mercury era l'affare della vita per il sig. Briaton, un'operazione assolutamente da non farsi scappare, anzi, da chiudere il prima possibile.

Avremmo sfruttato le competenze dei dipendenti della Mercury i quali, a dire di Belt, erano nettamente superiori a quelli della Galaxya per istruzione e capacità, anche i sistemi informatici risultavano migliori e l'idea, per altro condivisibile, era di mixare le eccellenze delle due aziende.

Dovevamo sfruttare la finestra del 31 dicembre e portarci a casa lo sconto di dieci milioni, sconto che ci avrebbe fatto molto comodo per fronteggiare la fase di start up dell'operazione.

I giorni passavano velocemente, il lavoro non mancava, l'umore del personale era ai minimi storici, aveva paura anche della propria ombra, ci osservava guardingo, venivamo considerati dei nemici da cui diffidare, non c'era da biasimarlo, viste le epurazioni delle settimane precedenti.

Nigiel si stava lavorando quotidianamente il sig. Briaton, il quale era sempre più innamorato, l'aggettivo usato per definire il loro rapporto non è un'esagerazione, perché solo un innamorato vede tutto bello, tutto perfetto. Mi chiedevo come ciò fosse possibile, era tutto abbastanza strano, il trasporto del sig. Briaton nei confronti di Nigiel era sproporzionato, lui aveva costruito il suo impero da solo, ma da solo veramente, anche perché intorno a sé regnava il vuoto cosmico, non aveva seconde linee valide, quello che io definivo strano, non era altro che un dubbio, fugato dal fatto che prima di allora non avesse mai incontrato un tipo con tali e tante capacità. Forse in lui vedeva il figlio che aveva tanto desiderato e mai avuto.

Da quel poco che avevo potuto conoscere del sig. Briaton, si capiva che la mente del gruppo era lui, carattere complicato, a volte scontroso, ma era lui il visionario che immaginava i possibili scenari e la giusta direzione da dare alla sua azienda, rispetto ai suoi collaboratori storici era un genio, paragonato a Nigiel era un agnello al cospetto di un lupo.

Nigiel possedeva delle caratteristiche che il sig. Briaton invidiava in quanto ne era sprovvisto, su tutte spiccava la velocità di ragionamento e il pensiero laterale, che gli permettevano di vedere le cose da un'altra angolazione, da un punto di vista differente, prendeva le decisioni con estrema sicurezza, per di più motivandole con grande razionalità. Tuttavia, spendevamo di più perdendo tempo per prendere la decisione, che per fare quello che avrebbe comportato la decisione stessa.

Nigiel era diventato il braccio destro del sig. Briaton e tutti si rivolgevano a lui, dalla centralinista all'intero board dell'azienda; il sig. Briaton si fidava e pertanto gli concedeva di agire come meglio credeva e lui faceva e disfaceva a suo piacimento, ma stava ben attento a non firmare niente, l'azienda non era sua, stava vivendo una situazione perfetta, godeva del potere e dei molti privilegi senza avere nessuna responsabilità.

L'amore accieca le persone e questo ne era la prova provata.

La decisione era stata presa: Nigiel convinse il sig. Briaton a esercitare l'opzione per l'acquisto della Mercury, si era stabilito che sarebbe stata acquistata entro e non oltre il 31 dicembre 2009, con un risparmio di dieci milioni di euro rispetto al prezzo pattuito.

Davanti a noi avevamo quarantacinque giorni estremamente impegnativi, eravamo alla metà di novembre e le visite di Nigiel presso l'azienda di Milano si stavano intensificando; io e Maryan eravamo l'unico presidio stabile presso la Galaxya, in pratica ero solo, perché lei durante il lavoro mi parlava a malapena, mentre per gli altri dipendenti non esistevo, mi salutavano educatamente quando mi incrociavano nei corridoi, ma ero certo che mi mandavano a quel paese o, dalle voci che circolavano, ero considerato il peggio del peggio, e pensare che soffrivo per loro e non avevo fatto niente per danneggiarli; mi avevano classificato come un traditore, ero di Dublino come loro, sfruttavo questo per creare empatia, per poi metterglielo in quel posto, questa era la nomea che mi ero fatto.

Questa cosa mi deprimeva, ma avevo tanto di quel lavoro da fare che fortunatamente riuscivo a non pensarci, fino a quando un giorno non vennero due signore, chiedendo il permesso di avere un incontro con me, permesso che io concessi più che volentieri, la cosa mi faceva sentire importante, due dipendenti volevano parlare con me, voleva dire che riconoscevano il mio ruolo, ma mai niente è come sembra. Le due signore bussarono alla porta e mi dissero: «Grazie dottore di averci ricevute, ci abbiamo pensato molto prima di venirle a parlare, non sapevamo se era opportuno o meno, poi abbiamo deciso di farlo, perché alla nostra età, potremmo essere sua madre ed è giusto togliersi anche delle soddisfazioni, i nostri mariti ci hanno detto che non avremmo mai trovato il coraggio di farlo e dunque eccoci qua».

«Sono a vostra disposizione, ditemi pure» e loro dissero.

«Quello che state facendo alla nostra azienda è una vergogna, sono ventidue anni che lavoriamo qui, abbiamo dato il nostro contributo per far sì che crescesse, ora stiamo per acquisire e inglobare un'altra azienda, anziché essere premiate veniamo criticate e mortificate, come se tutto a un tratto fossimo diventate delle incapaci, questo trattamento non è riservato solo a noi due, ma come ben sa a tutti i nostri colleghi. Ci teniamo a dirle che, per voi figli di puttana, saremo solo dei numeri, ma a casa abbiamo delle famiglie che contano sul nostro stipendio, dei figli da mantenere e delle spese da onorare mensilmente, non siamo come lei, caro il mio dottorino, che problemi di soldi sicuramente non li ha mai avuti e mai li avrà».

Stavo per rispondere, ma mi bloccarono dicendomi che era meglio che fossi rimasto in silenzio, tanto tutto quello che avrei potuto dire sarebbe stato interpretato come un'estrema difesa, tesa a giustificare il nostro operato. Tuttavia, vedendomi silente e abbastanza guardingo, si mossero a compassione, si alzarono e se ne andarono, senza dimenticarsi però di sbattere energicamente la porta.

Le mie orecchie erano rosse, a dire il vero andavano a fuoco, mi avevano fatto nero e la cosa bella e che non sapevo nemmeno il perché, io non le avevo trattate mai male, non le avevo di certo mortificate e non lo aveva fatto nemmeno Nigiel, lui non si sarebbe mai confuso con loro, lui parlava solo con i capi e non con la manovalanza, ma il malumore che serpeggiava in azienda era contagioso e passava da persona a persona come una malattia infettiva.

Andai da Maryan, lei era intenta a fare il suo lavoro, le chiesi se aveva due minuti per me, le volevo raccontare quanto accaduto, volevo capire se mi stava sfuggendo qualcosa, qualche passaggio.

Lei fece immediatamente luce su quanto mi era accaduto, a massacrarle tutto il santo giorno ci stavano pensando gli otto nuovi capi nominati da Nigiel, sì quelli che fino a poco tempo prima erano stati i vice. Lui li aveva incentivati tutti, oltre che con la promozione, gli aveva dato dei bonus e un'auto aziendale, Maryan continuò: «Questi poveracci sarebbero disposti a uccidere per Nigiel, lo vedono come un benefattore che ha fatto la loro fortuna, dando una svolta alla loro carriera e di conseguenza alla loro vita».

Tutto questo Maryan me lo disse in meno di un minuto, lasciandomi ancora più stordito, non ci stavo capendo niente, ma perché Nigiel voleva demoralizzare così il personale, per poi indurlo alle dimissioni? Non capivo: quella categoria di dipendenti non aveva una retribuzione lorda importante, pertanto il beneficio di una loro dipartita sarebbe stato irrilevante per la Galaxya.

Maryan mi vide affranto e, inaspettatamente, aiutandosi con le mani, si diede una spinta: le rotelle fecero indietreggiare la sedia di circa un metro e mezzo dalla scrivania, aveva le gambe accavallate, il vestito era tirato su quel tanto che bastava a scoprirle il ricamo delle calze autoreggenti di colore nero; lei non aveva mai fatto una cosa del genere con me, fuori dal lavoro sì, ma per me era inimmaginabile che potesse farlo in ufficio, evidentemente mi aveva visto abbattuto, voleva distrarmi, farmi pensare ad altro, e ci era riuscita benissimo. Non ce la facevo a smettere di fissarla, lei ci provava gusto, mi stava provocando, credo di aver assunto un aspetto molto buffo, sicuramente avrò sgranato gli occhi, perché lei si fece una gran risata, non volgare, non era da lei, ma una risata bellissima. Era la prima volta che la vedevo ridere così di gusto e mi faceva piacere.

Ci stavamo frequentando con una certa assiduità, la cosa piaceva a entrambi, ed entrambi avevamo due facce, una al lavoro e una per la sera. Al lavoro praticamente ci salutavamo e basta, niente di più, mentre fuori passavamo la maggior parte del tempo a letto, ci piaceva moltissimo stare insieme, io ero molto preso da lei, non so se lei fosse altrettanto presa da me, non dico questo perché non mi dimostrasse che ci teneva, ma perché possiamo essere sicuri solo dei nostri sentimenti e sperare di essere ricambiati; questa insicurezza, che non avevo mai avuto, poteva avere più di una causa, la differenza di età e il fatto che lei facesse parte di una banda di balordi, erano quelle che mi davano più da pensare. È vero per quest'ultima lei mi aveva dato una spiegazione, ma non potevo sapere se fosse la verità o semplicemente la sua verità.

La verità... bah, avevo imparato soprattutto in quegli ultimi mesi, che la verità non esiste, che ognuno dice quello che gli fa comodo dire, pertanto non ne esisteva una sola, ma cento, mille, centomila verità.

L'insicurezza che provavo con Maryan non mi faceva perdere il sonno, mi vivevo il momento, sapendo che ogni giorno poteva essere l'ultimo per i motivi più disparati; da un suo possibile trasferimento, a un mio probabile licenziamento, oppure dalla noia, lei si sarebbe potuta stancare di me, io mai di lei.

Certe notti, dopo esserci fatti qualche birra al GB, andavamo a passeggiare lungo il porto, era sempre molto tardi, di gente in giro ce n'era veramente poca e questo ci permetteva di essere liberi di comportarci come volevamo, senza censure, senza la preoccupazione di essere visti, con la pioggia che ci bagnava la faccia e il vento che ci sferzava i capelli. Ogni scusa era buona per baciarci, abbracciarci e fare l'amore, ci piaceva molto anche confrontarci, lei, essendo molto più grande di me, cercava di farmi capire che il mio essere integerrimo era figlio della mia età, il mio mondo fatto di ideali, lavoro, merito, successo e soldi, era un'equazione soggetta a variabili come compromesso, sotterfugi, doppio gioco, bugie e il fine giustificava sempre i mezzi. Su una cosa però mi diceva che ero stato in gamba, che ero stato più sveglio di lei: mi riconosceva il merito di aver inquadrato immediatamente Nigiel, di averlo catalogato per quello che era, un uomo senza scrupoli dotato di una mente criminale, non un criminale comune con la pistola, per rabbia, con volgarità, mosso dalla fame o dal bisogno, ma un fine tessitore, che provocava dolore e danni per raggiungere il suo scopo, la sua mente era veloce quanto un proiettile, con la sua intelligenza, la sua leadership, il suo carisma e con il suo essere spietato, era molto più letale di qualsiasi criminale.

Prima di ricominciare a lavorare, mi disse che l'indomani sarebbe arrivato Belt con la *due diligence*, riguardante la società di Milano, completata. Sicuramente Nigiel avrebbe convocato prima una riunione con noi e poi avrebbe chiesto un incontro in plenaria con il sig. Briaton e tutto il board della Galaxya e così andò.

Nigiel ci convocò per le dieci, avevo deciso che, anche questa volta, sarei rimasto in silenzio, qualsiasi cosa fosse stata proiettata a me sarebbe andata bene, ne andava del mio lavoro, della mia tranquillità e soprattutto della mia autostima che, dopo l'incontro avuto con le due signore, non era di certo ai massimi livelli.

IX

La Mercury aveva dei numeri fantastici, la Galaxya, che conoscevo ormai molto bene, era distante anni luce dagli ottimi risultati conseguiti dall'azienda italiana; quest'ultima aveva dei costi molto bassi, una produttività oraria quasi doppia della nostra, sembrava tutto perfetto, l'economia di scala, che l'acquisizione avrebbe prodotto, avrebbe permesso di riequilibrare i costi della Galaxya. Ero un neofita ed ero prevenuto, ma mi sembrava tutto troppo bello per essere vero, voleva dire che fino a quel momento l'intera azienda del sig. Briaton aveva navigato a vista e quello che erano riusciti a fare era dovuto solo alla casualità alla sorte. Non era possibile, la fortuna ti può assistere, ma alla base ci devono essere delle fondamenta concrete, delle persone che prendono le decisioni giuste al momento giusto, perché per caso non succede mai nulla.

Ancora una volta lo studio fatto da Belt dimostrava che l'acquisto della Mercury sarebbe stato un toccasana per il sig. Briaton e con questa premessa ci apprestammo a parlare al board della Galaxya; Nigiel partì sicuro come sempre, mostrò un'infinità di slide, snocciolava numeri e percentuali come se conoscesse quell'azienda da anni, mentre fino a qualche mese prima non sapeva nemmeno che esistesse, ma questa era la sua forza. Non perse occasione per criticare i pochi dirigenti che ancora erano rimasti al loro posto, li aveva praticamente in pugno, infatti nessuno fece domande, nessuno provò a contraddirlo. Avevano tutti troppa paura e facevano bene.

Il sig. Briaton aveva sentito abbastanza, fece terminare Nigiel e prese la parola: «È deciso, compreremo la Mercury il 31 dicembre 2009, così risparmieremo dieci milioni! Tra poco più di un mese saremo una realtà, nel nostro campo, veramente importante, dopo di che ci dedicheremo alla quotazione in borsa.

Mi pare chiaro che i numeri mostrati oggi mettano in evidenza delle deficienze importanti della nostra azienda, penso che voi dirigenti dobbiate farvene carico e sentirvi profondamenti responsabili della montagna di denaro che mi avete fatto perdere in tutti questi anni. Non riesco a gioire dell'acquisizione che ci apprestiamo a fare, sono troppo deluso, *in primis* da me stesso, sì sono deluso da me stesso, perché ho scelto voi come manager della mia azienda, degli incompetenti, degli irresponsabili, ma ripeto la colpa è tutta mia, perché mi sono fidato di voi!»

L'ennesima mazzata era stata sferrata, lavorativamente parlando quello che aveva detto il sig. Briaton suonava come una condanna a morte per i pochi dirigenti rimasti. Nigiel sorprese tutti, perché ebbe delle parole distensive nei loro confronti, tranquillizzò il sig. Briaton e i dirigenti stessi. Ancora una volta, aveva fatto la sua mossa, li aveva massacrati per giorni, aveva convinto il sig. Briaton che il problema della sua azienda fossero gli uomini che aveva al suo fianco e poi tutto a un tratto, inspiegabilmente, si era eretto loro paladino, era diventato il loro primo difensore.

Il diavolo non fai mai niente per caso, non ti regala mai niente per niente: sì, è vero, li aveva difesi, ma semplicemente perché non era riuscito a demoralizzarli al punto tale da farli dimettere, con loro non era riuscito a trovare un accordo bonario, li aveva massacrati per giorni, ma niente, pertanto aveva deciso di cambiare strategia, doveva arruolarli, doveva far sì che rispondessero ai suoi ordini e questa era l'occasione giusta per far capire a tutti loro che se si fossero piegati al suo volere bene, altrimenti, in un modo o nell'altro, sarebbero stati licenziati.

Intuendo che il sig. Briaton non riusciva a vedere niente con i suoi occhi, ma osservava la sua amata azienda tramite quelli di Nigiel, la scelta per i dirigenti fu obbligata. Piuttosto che niente, era meglio trovare un compromesso; si misero a disposizione di Nigiel, senza contrastare o ribattere o semplicemente anche solo commentare i numeri proiettati sullo schermo, sarebbe stato inutile, sarebbe stato controproducente, ne sarebbe andato del loro lavoro.

Al termine della riunione, Maryan ci comunicò che doveva tornare a casa, aveva bisogno di quattro, al massimo cinque giorni di permesso, sua madre aveva un problemino di salute, niente di che, però aveva bisogno di lei e lei non se la sentiva di dirle di no. Di fatto Maryan viveva per conto proprio, non stava a casa con i suoi, ma essendo figlia unica, se c'era da correre, toccava a lei, i suoi genitori erano stati sempre molto bravi, cercavano di non disturbarla mai e forse era proprio per questo, che Maryan non ci pensò due volte e si organizzò per andare.

Mi chiese di accompagnarla in aeroporto, doveva passare in hotel a prendere la valigia, ovviamente risposi subito di sì.

Era rimasta in hotel, non aveva avuto tempo, ma soprattutto voglia di cercarsi una casa in affitto, lo preferiva, si sentiva meno sola, in più trovava sempre la camera pulita e gli asciugamani cambiati, e per lei, che lavorava dodici ore al giorno, non era poco.

Appena arrivati in camera, preparò una valigia piccola per il viaggio e una grande che avrebbe lasciato alla reception, in modo tale da liberare la stanza e limitare i costi. Si spogliò davanti a me e si buttò sotto la doccia, nonostante l'avessi vista molte volte nuda, la cosa non mi lasciava indifferente; lei riusciva sempre ad anticiparmi, bloccando ogni mia iniziativa prima ancora che questa nascesse: «Henry, non farti venire strane idee, non c'è tempo dobbiamo andare subito in aeroporto».

Durante il tragitto, mi disse che sarebbe stata la maggior parte del tempo con sua madre, ma sarebbe passata tutti i giorni nell'ufficio di Londra. Le dissi di pensare a sua madre e a riposarsi un po', ma lei niente, era una donna a cui piaceva lavorare, aveva un senso di responsabilità molto spiccato, nonostante fosse stata pugnalata alle spalle da Nigiel. Mi diede un bacio prima di scendere dalla macchina, entrò in aeroporto con la sua valigia senza mai voltarsi, io non le tolsi lo sguardò di dosso, finché non sparì tra la gente.

X

Nigiel mi lavorò ai fianchi per l'intera settimana, mi corteggiava, mi riempiva di complimenti, mi disse a più riprese che apprezzava il mio lavoro, che avevo del potenziale, che lui mi avrebbe plasmato a sua immagine e somiglianza, che sarei diventato un manager preparato e pronto per guidare un'azienda importante, che mi dovevo fidare di lui, perché lui aveva riposto molta fiducia in me. Io ero sorpreso, gratificato e lusingato, Nigiel era un figlio di puttana patentato, non era di manica larga in quanto a convenevoli e complimenti, no di certo, questo non gli apparteneva, pertanto, la confusione che tutto ciò mi stava creando era notevole. Mentre lui mi parlava, riusciva a farmi volare, il mio morale era alle stelle, mi sentivo importante e pensavo di diventare un padre eterno come lui, però queste sensazioni svanivano in me quando la ragione si riappropriava del mio cervello drogato dai complimenti del filibustiere.

Non capivo cosa volesse da me Nigiel o cosa pensasse di farmi fare, ma questa sensazione di benessere durò per l'intera settimana. Mi portò a cena di nuovo con il sig. Briaton; Nigiel parlò della nuova organizzazione aziendale, dell'integrazione tra i dirigenti della Galaxya e quelli della Mercury, gli mostrò il nuovo organigramma aziendale post-acquisizione, in vigore da gennaio 2010, e mentre eravamo intenti a studiarlo, mi saltò agli occhi un errore, nella posizione di direttore generale del nuovo assetto societario c'era il mio nome, Henry O'Neill.

Io non dissi niente, non spettava a me dire che c'era un errore, un refuso, se avessi parlato, avrei corso di nuovo il rischio che Nigiel mi facesse fare l'ennesima figuraccia e io non avevo nessuna intenzione di rendermi ridicolo di fronte al sig. Briaton.

Con estrema sicurezza Nigiel spiegò al sig. Briaton il bisogno di dare una scossa all'azienda, occorreva nuova energia, persone che inseguissero un sogno, piene di motivazioni e di voglia di fare e chi meglio di Henry nella posizione di direttore generale?

«Sarà affiancato e formato da me, sig. Briaton, gli insegnerò tutto quello che serve per essere un buon dirigente, è di Dublino e con il tempo sarà la persona che le permetterà di allontanarsi dall'azienda senza temere che possano accadere disastri, potrà avere il tempo libero per dedicarsi alla sua passione, il golf, mentre il nostro Henry rimarrà al timone dell'azienda».

Il sig. Briaton sembrava gradire l'idea di Nigiel, la stava metabolizzando, più i minuti passavano più iniziava a convincersi che potesse essere una buona soluzione. A metà cena, il sig. Briaton era ormai convinto, io fino ad allora ero rimasto in silenzio, non sapevo niente di questa cosa, Nigiel non mi aveva detto nulla in merito, e soprattutto non sapevo cosa dire, non che mi fosse stato richiesto di parlare, per il momento ero un ospite, anche se io mi sentivo più un servitore muto.

Il sig. Briaton alzò il bicchiere e fece un brindisi: «A Henry, il futuro direttore generale della Galaxya!»

Solo allora parlai: «Grazie, sarà un grande onore, vi ringrazio di aver riposto la vostra fiducia in me». Il sig. Briaton si rivolse più volte a Nigiel raccomandandogli di starmi vicino, di insegnarmi tutto e formarmi come si deve, Nigiel annuì e sorrise, un sorriso che sapeva di vittoria, ancora una volta aveva ottenuto quello che voleva, aveva avuto la benedizione dal sig. Briaton e poteva disporre dell'azienda come meglio credeva.

Ero completamente frastornato, la novità mi aveva a dir poco sorpreso, era successo tutto all'improvviso, non sapevo cosa pensare. Da un lato gongolavo, pensavo che nessuno avesse fatto carriera così velocemente come stavo per farla io, in quei momenti diffidavo meno di Nigiel, ma dopo qualche ora di euforia, e una volta passato l'entusiasmo di tornare a casa dai miei e informarli che il loro unico figlio era diventato un pezzo grosso, era arrivato ai massimi vertici dell'azienda in cui lavorava come consulente da meno di tre mesi, ecco sì, proprio mentre pensavo queste cose che mi annebbiavano la ragione e mi facevano volare distaccandomi dalla realtà, il mio cervello ritornava lucido e vedeva le cose per come dovevano essere viste. Perché Nigiel mi voleva a capo dell'azienda? Volevo confrontarmi con Maryan, ma non tramite una telefonata, quindi non potevo fare altro che aspettare il suo ritorno.

Mi misi a studiare tutti i documenti prodotti da Belt, partoriti dallo studio eseguito sulla Mercury, se dovevo diventare il direttore generale dell'intero gruppo, dovevo conoscere nei minimi dettagli tutto quello che ne faceva parte.

Studiavo quei numeri giorno e notte senza sosta, non avevo distrazioni, potevo dedicarmi completamente all'approfondimento della situazione dell'azienda italiana, ma più guardavo quei dati, meno li capivo e non trovavo spiegazioni. Erano talmente "belli", che stentavo a crederci, avevamo veramente trovato la gallina dalle uova d'oro. Io avevo studiato i dati della Galaxya nei minimi particolari, avevo fatto e rifatto i piani finanziari, i conti economici, pertanto mi sapevo districare bene tra quelle cifre, sapevo le incidenze a memoria e quando vedevo i numeri prodotti da Belt sulla Mercury, iniziavano le mie incertezze causate dalle differenze macroscopiche.

Mettendo le due aziende a confronto e raggruppando in un unico foglio di lavoro, un semplice Excel, le voci dell'una e dell'altra e i rispettivi costi e ricavi, era più che evidente che una delle due doveva essere fallita e l'altra doveva portare un risultato economico strabiliante, ma non era così.

La Galaxya era quella che da decenni produceva il suo utile, niente di esaltante, aveva la sua dignità ed era riconosciuta da tutti gli operatori del settore in tutta Europa.

La Mercury, se veramente otteneva i risultati che erano stati riportati da Belt nella *due diligence*, perché era stata messa in vendita?

Era virtuosa, era un'azienda le cui sorti potevano solo migliorare e la stessa acquisire più valore nel tempo. Non capivo, mi dicevo che mi ero montato la testa solo perché mi era stato detto che sarei diventato il direttore generale. Avevo la pretesa di mettere in discussione il lavoro prodotto da un luminare della materia finanziaria ed economica. Ma niente, i miei dubbi non mi davano pace, non vedevo l'ora che Maryan tornasse, volevo confrontarmi con lei; sì, era vero che si occupava della parte legale, ma erano anni che viveva nell'ambiente di Nigiel e Belt, di numeri ne masticava e avrebbe capito benissimo quello che gli avrei fatto vedere, ancora un giorno e avrei potuto sfogarmi con lei.

Maryan tornò e stranamente non chiamò per chiedermi di andare a prenderla in aeroporto e accompagnarla in hotel, pensai che fosse rientrata tardi e che non avesse voluto disturbarmi.

La vidi nel suo ufficio, era la solita Maryan, con il solito chignon, occhiali da vista neri, montatura grossa da secchiona, l'abito era color fango, lei non si smentiva mai, quella era la sua divisa, quello era il suo stile nei luoghi di lavoro.

La salutai, le chiesi di sua madre, cercai di essere carino, lei mi sussurrò se dopo il lavoro avremmo potuto cenare insieme, e tra me e me pensai che sarebbe stato perfetto, non dovevo nemmeno farmi avanti io, aveva fatto già tutto lei. Le risposi sottovoce: «Passo a prenderti in hotel alle venti e trenta» e me ne ritornai alla mia scrivania.

Nigiel girovagava per gli uffici come faceva abitualmente, fumava ovunque, fregandosene dei divieti, del fastidio che poteva arrecare alle persone, parlava con tutti e tutti lo riverivano, non era rispettato era temuto, sapevano bene che una sua parola poteva decretare le fortune o la rovina di qualsiasi dipendente dell'azienda, pertanto erano tutti ossequiosi e disponibili. Le signore facevano le carine, cercavano di civettare, qualcuna era fortemente attratta, lui, d'altronde, era un bell'uomo e in quanto a fascino ne aveva da vendere, ma era immune a queste stupidaggini, mentre gli uomini non potendo civettare si limitavano a fare i leccapiedi. In tutto questo lui ci sguazzava, perché sapeva che era il vero signore e padrone dell'azienda, e che in realtà i dipendenti lo consideravano tale. Il sig. Briaton era sempre più latitante, aveva inserito il pilota automatico, Nigiel e l'azienda andavano avanti così, senza di lui. Un paio di giorni prima l'avevamo visto venire in sede, con il classico abbigliamento per praticare il golf, era insieme a Derek, l'ex collega di Nigiel, frequentavano gli stessi golf club sia in Inghilterra che in Irlanda, si erano conosciuti così. Derek aveva la faccia da figlio di puttana alla pari di Nigiel, la sua era più da pretino, ma non riusciva a mascherare del tutto l'atteggiamento viscido e meschino che era insito in lui. Sicuramente ero prevenuto e tutto quello che riguardava Nigiel mi metteva sul chi va là, ma questo Derek non mi piaceva proprio per niente. Una delle prime lezioni di Nigiel era stata di osservare bene le persone, i gesti e i comportamenti, come queste si rivolgono agli altri. Be' osservai bene Derek, dal modo di muoversi al modo di parlare, lui non era naturale, tutto quello che faceva era costruito per compiacere l'interlocutore, parlava a voce bassa, per capire cosa diceva dovevi prestare la massima attenzione, il suo linguaggio era ricercato, misurava le parole e nel prendere per il culo il sig. Briaton era un professionista, non perdeva occasione di osannare Nigiel. Avrà ripetuto almeno dieci volte che Nigiel era un fenomeno, un manager di un'altra categoria rispetto a tutti quelli che aveva conosciuto fino a quel momento. Per fortuna erano rimasti poco più di un paio di ore in azienda, non vedevo l'ora che il sig. Briaton andasse, non tanto per lui, ma perché si sarebbe portato dietro l'amico Derek.

Finalmente potevo tornare al lavoro, volevo fare un ulteriore controllo, mi dicevo che sarebbe stato l'ultimo, mi stavo arrovellando su quei numeri da giorni e il risultato era sempre lo stesso, tutto troppo bello per essere vero o troppo difficile per me da capire. Avevo una paura fottuta di prendere un abbaglio, mi sarebbe piaciuto confrontarmi con O'Bryan, che era il direttore del controllo gestione, ma Nigiel l'aveva spremuto come un limone la settimana prima, contestandogli il lavoro più volte, l'aveva fatto di fronte a tutti, per umiliarlo, e per tutta risposta O'Bryan si era preso una settimana di malattia, anche lui era sulla strada del non ritorno, del non ritorno al lavoro.

Anche se presente, non sarebbe stato il caso di andare da lui, mettendo in dubbio il lavoro fatto da Belt, avrei alimentato inutili chiacchiere tra colleghi e la conseguente ira di Nigiel su di me. Lui mi stava per far diventare direttore generale e io gli andavo a incasinare l'azienda e a gettare delle ombre sul suo operato e su quello di Belt? Bella riconoscenza... però a me quei numeri non tornavano, questo mi mandava fuori di testa.

Uscii da lavoro, andai a casa, mi cambiai al volo e di corsa mi precipitai a prendere Maryan; mi fece attendere per trenta minuti sotto l'hotel, e quando finalmente arrivò era vestita tutta di bianco, pantaloni, maglione, cappotto e guanti, erano i primi giorni di dicembre e il vento tagliava la faccia in due, c'era un freddo cane, su tutto quel bianco spiccavano i suoi lunghi capelli neri e l'immancabile rossetto rosso. La versione notturna di Maryan mi emozionava sempre, mi toglieva il fiato.

Salì in auto, mi diede un bacio e ci avviammo verso il GB, ma lei mi fermò e mi chiese di andare in un ristorante vero e proprio, aveva bisogno di parlarmi in un luogo dove ci fosse meno confusione, a volte al GB per sentire quello che dicevamo, dovevamo urlare come dei pazzi.

Andammo in un ristorantino al porto, era di una vecchia signora, si mangiava bene e si spendeva poco.

Ordinammo una birra, delle ostriche su un letto di alghe e ghiaccio e una fonduta alla Guinness.

Chiesi nuovamente a Maryan come aveva trovato sua madre, dato che la mattina non mi aveva risposto, e lei con il sorriso sulle labbra mi disse: «Non accetta di essere rimasta sola, ormai sono tre anni che mio padre è morto, lei sente molto la sua mancanza, ogni tanto ha bisogno di avere qualcuno che le giri per casa e che la faccia sentire ancora utile, comunque grazie, Henry, per fortuna sta bene».

«Bene...» le risposi.

«Mi farebbe piacere condividere con te alcune cose che ho trovato e che non riesco a capire».

Lei mi afferrò il braccio sinistro e mi fermò: «Aspetta, Henry, prima devo dirti una cosa io».

«Ok, Maryan, dimmi pure».

Lei iniziò dicendo che, durante la sua permanenza a Londra, era stata due mattine e un pomeriggio in ufficio, in modo tale da non rimanere troppo indietro rispetto alle sue colleghe, quella italiana e quella irlandese, con le quali aveva instaurato un ottimo rapporto, le stimava e loro stimavano lei.

Una delle due mattine, Grace, la segretaria di Londra, le aveva chiesto la cortesia di coprirla al centralino, doveva fare una visita e voleva approfittare della presenza di Maryan, in modo tale da non doverlo chiudere, le sembrava brutto e preferiva fare così.

Maryan le aveva risposto che non c'erano problemi, l'importante era che ritornasse prima delle tredici. Grace quindi era uscita alle nove e mezza. La mattina stava passando, Maryan aveva risposto a qualche telefonata, ma niente di più, a metà mattinata avevano suonato alla porta, era un corriere, doveva consegnare una scatola, grande, ma non grandissima, lei aveva firmato, l'aveva ritirata e appoggiata sopra il desk di Grace, tornando poi alla sua postazione.

Aveva notato che la scatola era stata spedita dal Cavaliere De Marchi all'attenzione del dott. Nigiel Hopkins; aveva così deciso di aprirla, magari all'interno c'erano dei documenti che andavano portati a Dublino, ma allora perché erano stati spediti agli uffici di Londra, si era chiesta.

Se inizialmente aveva pensato di fare una cosa giusta, dopo aver ragionato, era consapevole che stava violando la privacy di Nigiel, e pertanto aveva lasciato stare ed era tornata a sedersi, ma la curiosità non le permetteva di concentrarsi su niente, alzava la testa di continuo, un'occhiata all'orologio sulla parete e una alla scatola, erano le undici e mezza, e Grace sarebbe tornata poco prima delle tredici, ma quanto prima?

Aveva infine deciso di correre il rischio: dopo aver controllato bene come era chiusa la scatola, aveva notato che non riportava particolari accorgimenti, tutto faceva pensare che non ci fosse niente di importante, la scatola a forma di cubo era stata sigillata con dello scotch trasparente e poi avvolta in una pellicola anch'essa trasparente.

Aveva iniziato a tagliare la pellicola, e poi aveva seguito la linea dei profili della scatola, il problema non era tanto la sostituzione dello scotch, il problema era rimettere la pellicola, ma imperterrita aveva continuato la missione e piano piano era riuscita a staccare l'ultimo pezzo di scotch, senza rovinare più di tanto il cartone.

Aveva poi sollevato i due lembi e aperto la scatola… era rimasta senza fiato: era piena di denaro contante, tutte banconote da cinquecento e duecento euro… aveva guardato l'orologio, era mezzogiorno. Aveva così deciso di contare una mazzetta da cinquecento e una da duecento, stando attenta a non rompere l'elastico che le conteneva. Arrivata quasi a metà, aveva perso il conto e aveva dovuto iniziare da capo, era agitata, la paura di essere sorpresa da Grace era tantissima; aveva contato e contato il più velocemente possibile, erano cento pezzi da cinquecento e cento pezzi da duecento, le mazzette erano cinque da duecento, dunque centomila euro, e diciotto mazzette da cinquecento pari a novecentomila euro, cazzo… c'era un milione di euro dentro la scatola.

Aveva rimesso una a una le mazzette all'interno, stando molto attenta a riposizionarle correttamente, aveva preso lo scotch e aveva iniziato a bordare tutti i profili del pacco, il problema era rimettere la pellicola. Erano le dodici e venticinque, e le era venuto in mente che a cento metri dall'ufficio c'era un negozio di alimentari, non avevano lo stesso tipo di pellicola, ma se ne avesse comprato cinque o sei rotoli sarebbe riuscita a fare un bel lavoro. Aveva preso l'ascensore ed era corsa fino al piccolo market, aveva comprato sei rotoli di pellicola e si era fiondata alla cassa; c'erano due signore che chiacchieravano dei tempi passati e dei reciproci malanni dovuti all'età, perciò anche se non lo era normalmente, aveva fatto la maleducata, dicendo che aveva fretta e pregando la cassiera di muoversi, perché aveva lasciato suo figlio di due anni da solo in casa e temeva che potesse farsi del male. Le signore avevano borbottato un po', ma alla fine l'avevano fatta passare avanti e la cassiera fortunatamente era stata un lampo, facendola uscire in men che non si dica. Maryan aveva corso, come non aveva mai fatto prima, si era tuffata dentro l'ascensore, con la speranza che Grace non fosse ancora tornata. Arrivata in ufficio, aveva visto il cappotto di Grace attaccato al portabiti, le era crollato il mondo addosso, era finita. L'aveva chiamata: «Grace...?»

«Sì, Maryan, sono in bagno ne avrò per un pochino...»

«Ok, fai pure, tranquilla, qui ci sono io!»

Aveva usato tutte le sei pellicole, aveva rimesso sulla scatola l'etichetta riportante il nome del mittente e del destinatario, e infine aveva preso un sacco nero e buttato tutto dentro, sia la vecchia pellicola, sia le scatole della nuova, aprendo la porta e gettando il sacco nel corridoio.

Mentre stava chiudendo la porta, Grace aveva aperto quella del bagno: «Scusami, Maryan, sono stata dal ginecologo, mi ha tolto un piccolo polipo e ho delle perdite di sangue».

Maryan non le aveva nemmeno risposto, ed era corsa in bagno iniziando a vomitare. Grace si era così scusata: «Non pensavo fossi così delicata mi sono permessa di farti questa confidenza, perché siamo tra donne, non mi sono fatta problemi a dirtelo, scusami Maryan». Dopo essersi pulita la bocca Maryan le aveva risposto: «Non è colpa tua Grace, credo di aver preso un virus e da quando sei uscita tu che vomito, sono anche scesa giù per andare in farmacia, ma non mi hanno voluto dare niente».

«Ah, ecco perché quando sono rientrata non eri in ufficio».

«Non vedo l'ora di tornare a casa, mi sento troppo male, ho bisogno di distendermi e di riposarmi, ciao Grace... ah, a proposito, stavo per dimenticarmi... è arrivato quel pacco per Nigiel, ciao».

XI

L'ennesima sorpresa, pensavo che sarei stato io a lasciarla a bocca aperta con la notizia della mia prossima nomina a direttore generale, ma la novità di Maryan vinse di gran lunga. Ci guardammo per un po', dopo di che mi decisi e le raccontai della proposta che Nigiel mi aveva fatto a cena, alla presenza del sig. Briaton; lei mi guardò e mi sorrise: «Sei felice, Henry? Hai fatto una bellissima carriera in pochissimo tempo, ma ti sei chiesto cosa hai fatto per l'azienda che merita un simile riconoscimento? Apri bene gli occhi e cerca di capire, fatti delle domande e cerca le risposte».

Non capivo: «Cerca di essere più chiara, cosa vuoi dire?»

«Henry, ha scelto te per la tua incompetenza, per la tua giovane età, con la speranza che la tua ambizione offuschi la tua ragione.

Ti sta confondendo le idee, ha mirato al tuo orgoglio e al tuo portafoglio, ti sta comprando. Il vero direttore generale, Henry, sarà sempre lui, tu sarai una marionetta manovrata dalle sue sapienti mani».

Sapevo che stava dicendo la verità, mi dispiaceva ammetterlo, ma aveva ragione lei. Nigiel aveva fatto leva sul mio desidero, se avessi dovuto dare un giudizio su un'altra persona lo avrei definito arrivismo, ma dovendo parlare di me e volendomi un po' di bene mi limitai a definirlo solo voglia di crescere.

E bravo Nigiel, mi aveva fatto passare la sete con il prosciutto, era talmente più intelligente di me da non farmi capire che ero un bamboccio ai suoi comandi.

Il mio sguardo era fisso da qualche secondo, Maryan mi chiese se c'ero rimasto male, e le risposi di sì, per non aver capito da subito e per essermi illuso che me lo meritavo, ma io non avevo fatto niente per meritarmelo, pertanto, mi ero autoconvinto di una cosa che era solo nella mia testa. Pensavo che Nigiel avesse visto del potenziale in me e che con lui a fianco sarei potuto diventare un grande manager.

Maryan aveva interrotto il mio sogno, ma mi aveva aperto gli occhi e a tutto questo si aggiungeva il milione di euro che aveva trovato lei e i numeri che avevo controllato mille volte e che continuavo a non capire.

Di cose di cui preoccuparsi ce n'erano in abbondanza.

Spiegai a Maryan cosa non mi tornava sul lavoro fatto da Belt e anche lei notò che le differenze tra le due aziende erano più che notevoli, non era il suo campo, pertanto non emise un giudizio, ma il quadro che ne veniva fuori preoccupava anche lei.

Iniziammo a cenare, cercando di pensare ad altro, Maryan era veramente una bella donna, non passava inosservata, mi faceva piacere essere invidiato dagli altri uomini presenti nel locale, loro la fissavano, mentre lei non li degnava di uno sguardo, aveva questo modo elegante di muoversi e stare a tavola, se la tirava senza tirarsela, non lo saprei spiegare meglio di così.

Nonostante cercassi di distrarmi, non riuscivo a godermi la cena, nemmeno Maryan ci riusciva, la vedevo che ogni tanto si assentava, sicuramente i pensieri che mi stavano rovinando la serata la stavano rovinando anche a lei. Avevamo voglia di stare insieme ma consumavamo il poco tempo che avevamo a disposizione pensando al lavoro e a quello che poteva avere in mente Nigiel.

Dopo circa cinque minuti di silenzio, lei riprese il discorso, stava pensando al milione, non sapeva darsi una spiegazione, eppure era facile capire cosa stava succedendo, ma non volevamo crederci. La soluzione era sul tavolo, era tutto chiaro, ma ci sembrava troppo sporca anche per Nigiel.

Avevamo da una parte un milione cash e dall'altra dei numeri sbagliati, a questo punto, forse volutamente sbagliati. Era evidente che la *due diligence* era una farsa, i numeri erano stati fatti tornare come faceva comodo che tornassero e il milione di euro era la mazzetta pagata dal Cavaliere De Marchi a Nigiel, affinché producesse dei numeri che dimostrassero al sig. Briaton la bontà dell'affare Mercury, facendogli credere che per lui era il colpo della vita e di conseguenza era una gran fortuna anche per la Galaxya.

Avevamo trovato una spiegazione che ci sembrava aderente alla verità e soprattutto, a quanto avevamo potuto vedere e capire, era evidente che Nigiel e Belt fossero d'accordo e che la povera Maryan era stata tagliata fuori anche questa volta, non che le dispiacesse, tutt'altro, lei era onesta e seria, ma restava il fatto che quei due si sarebbero spartiti un milione, mentre lei era rimasta un'altra volta a bocca asciutta.

Ora il problema che ci ponevamo era cosa fare. La decisone da prendere non era facile, i pensieri erano molteplici, pensieri che ci accompagnarono fino alla mattina seguente. Passammo la notte insieme, fare l'amore con Maryan era sempre fantastico, ma questa volta lo era stato di meno, nessuno dei due era pienamente lì, la testa era altrove, e questo si era riflesso anche sulla nostra intesa.

Mangiammo la mela senza gustarla, lo stomaco era pieno ma non ne avevamo assaporato l'essenza.

Di fatti ci alzammo dal letto tutti e due incazzati, non per la notte, ma perché entrambi non avevamo le idee chiare su cosa fare e come comportarci. Non potevamo dire niente a nessuno, avevamo capito che avevamo a che fare con persone pericolose, nessuno maneggia un milione di euro in contanti come niente fosse, era difficile farselo dare, era difficile nasconderlo ed era altrettanto difficile spenderlo. Per farlo, bisognava essere svegli e con molto pelo sullo stomaco, servivano gli agganci giusti e una grande sicurezza di sé.

Tornai a casa per cambiarmi, mi stavo maledicendo per aver chiesto, anzi, è più giusto dire, per aver implorato Nigiel di prendermi con lui. La mia prima esperienza di lavoro si stava rilevando qualcosa di inaspettato, più grande di me, la tensione e le preoccupazioni mi stavano uccidendo, il mal di stomaco era diventato un amico fedele che non si separava da me nemmeno per un minuto. Se Nigiel fosse stato scoperto, il sig. Briaton e tutti i dipendenti della Galaxya avrebbero pensato sicuramente che facessi parte della banda, che ero uno di loro, e come li avrei potuti convincere del contrario, come sarei riuscito a dimostrare che non c'entravo niente, nessuno di loro mi avrebbe mai creduto, e di questo non avrei potuto di certo biasimarli.

Nigiel mi aveva elogiato moltissimo durante la cena con il sig. Briaton poche sere prima. Mentre ero sotto la doccia capivo che l'unica cosa da fare era parlare con il sig. Briaton e dirgli tutto. Ovviamente non potevo raccontare del milione che aveva scoperto Maryan, non la volevo mettere in mezzo, non sarebbe stato giusto e non mi andava di dire una cosa che mi era stata detta in confidenza e che non avevo visto con i miei occhi.

Avrei mostrato al sig. Briaton che i numeri presentati da Nigiel erano sbagliati, dopo di che lui avrebbe potuto decidere cosa fare, io la mia parte l'avrei fatta. Sì, più di questo non avrei potuto fare, ma sarebbe stata la cosa giusta? Avrei dovuto cercarmi un altro lavoro, sarei stato sicuramente preso a calci da Nigiel, che non mi avrebbe più voluto bene… gli stavo per far saltare tutti i suoi piani, avrebbe dovuto restituire il milione di euro a De Marchi e sarebbe stato completamente sputtanato in Irlanda e in Italia. Dopo aver parlato con il sig. Briaton, avrei dovuto nascondermi, Nigiel me l'avrebbe sicuramente fatta pagare, ma oltre alla mia coscienza, che a questo punto sarebbe stata senz'altro candida, cosa ci avrei guadagnato? Di sicuro avrei perso il lavoro, ed era altrettanto sicuro, che il sig. Briaton avrebbe mandato a casa tutta la nostra squadra; di Belt non mi importava niente, se non lo avessi più visto me ne sarei fatto una ragione, ma non avrei visto più nemmeno Maryan e forse anche lei si sarebbe incazzata con me, togliamo il forse, lei si sarebbe incazzata tantissimo con me. Di sicuro all'inizio non avrebbe capito che non le avevo detto niente per proteggerla e lasciarla fuori da questa storia.

È lei cosa avrebbe fatto? E soprattutto, come si sarebbe comportata con Nigiel in merito al milione?

Se ne sarebbe fatta dare una parte o non avrebbe voluto nemmeno sfiorare questa vicenda, che poi era giusto iniziare a chiamarla per quello che era, una truffa vera e propria? Pensavo di conoscerla, ma era vero? Il denaro cambia le persone, molto denaro cambia di molto le persone, anche quelle che pensiamo di conoscere bene. Non sapevo di chi fidarmi, anzi lo sapevo, non potevo contare su nessuno, le uniche due persone che non mi avrebbero mai tradito erano mio padre e mia madre, che in questa circostanza non potevano essermi di aiuto. Parlare con loro non sarebbe servito a niente, l'unico risultato, che sicuramente avrei ottenuto, sarebbe stato quello di farli preoccupare e dargli dei pensieri. Questo non lo volevo proprio, bastavano le mie di preoccupazioni, non c'era bisogno di creare altri problemi, quelli che avevo erano più che sufficienti a soddisfare tutti.

Ma tu guarda in che casino mi ero messo, se avessi potuto esprimere un desiderio, avrei premuto un bottone per essere altrove, magari dall'altra parte del mondo, per evitare di dover affrontare quella cosa che mi metteva così tanta paura.

Forse dovevo farmi gli affari miei, diventare direttore generale, mandare avanti la baracca per un po', di sicuro avrei preso uno stipendio importante e avrei arricchito il mio curriculum. Un direttore generale di venticinque anni alla guida di un'azienda farmaceutica, con due stabilimenti, uno in Irlanda e uno in Italia, non era cosa da poco. Sicuramente non ci avrei scritto che ero un fantoccio manovrato da un delinquente, il quale, non potendosi esporre di persona per i suoi trascorsi poco edificanti, aveva bisogno di un signor sì che ci mettesse la faccia, mentre il cervello ce lo avrebbe messo lui, no, questo credo proprio che avrei evitato di scriverlo, come avrei evitato di scrivere che il tutto era stato condito con una tangente da un milione di euro e che le due aziende a causa di questa fusione non avrebbero avuto la forza economica e finanziaria per tenersi in piedi. No, forse tutto ciò era bene che non venisse fuori.

Ma io come avrei fatto a guardarmi allo specchio per il resto della mia vita, la mia carriera sarebbe nata da una truffa e sarebbe proseguita truffando altre aziende e altre persone? Se questo era il *modus operandi* di Nigiel, non potevo di certo aspettarmi che ci saremmo miracolosamente ravveduti con il passare del tempo, le persone come Nigiel non cambiano, lui e Belt, in passato, ne avevano combinate di ogni, e per questo erano stati estromessi dai loro posti di lavoro e denunciati dalle proprietà.

Più ci ragionavo, meno sapevo cosa fare, cercavo di prepararmi su cosa dire, ero arrivato al punto di provare più volte il discorso, mi immaginavo le sue risposte e mi preparavo su come controbatterle.

Una cosa l'avevo decisa, dovevo assolutamente uscire dalla doccia, erano venti minuti che parlavo da solo sotto il getto dell'acqua bollente, il vapore nel bagno non mi permetteva di vedere nemmeno la porta.

Mi vestii al volo e feci colazione con i miei, mia madre mi punzecchiava: «Anche stanotte sei rimasto fuori, prima o poi mi auguro che ce la farai conoscere questa ragazza, Henry, non far finta di non sentire, ce la presenterai a me e a tuo padre o no?»

«Sì, mamma, prima o poi ve la farò conoscere di sicuro, statene certi».

Chiamala ragazza, mia mamma aveva due anni in più rispetto a Maryan; cercavo di immaginare la sua faccia se le avessi portato a casa nostra la donna che stavo frequentando, penso che non mi avrebbe più parlato per molto tempo. Mi venne da sorridere e non riuscii a trattenermi, mi immaginavo la faccia dei miei, come sarebbe cambiata se avessero visto la versione di Maryan "lavorativa" e poi quella notturna. Di sicuro mia madre, che era una che non le mandava a dire a nessuno, non si sarebbe fatta problemi a dirmi: «Mi sembrava una brava ragazza, magari vestita da "vecchiarina" e invece era una mignotta, bravo Henry, te la sei presa vecchia e mignotta».

A pensare a questa scena apocalittica, mi era andato di traverso anche il muffin, li aveva fatti mia madre, una prelibatezza, era bravissima a cucinare e i suoi muffin erano veramente speciali, in pratica lo sputai addosso a mio padre che mi guardò con compassione e sentenziò: «Guarda questo rincoglionito, chissà a che cazzo stai pensando, anzi… penso di saperlo, pensi alla tua ragazza e alla nottata appena trascorsa, bravo Henry».

Mio padre era fiero di me, più notti passavo fuori e più lui era contento. In passato, credo che lui abbia pensato più di una volta che fossi gay, ne ero quasi sicuro e questa cosa lo faceva impazzire, perché temeva l'ilarità dei suoi amici, di quanto lo avrebbero preso per il culo al pub. Il fatto che uscissi frequentemente con un essere umano di sesso femminile lo rincuorava. Mia madre aveva trovato, più di una volta, delle tracce di rossetto rosso sul collo della mia camicia, e questo per lui era la prova regina, aveva salvato la faccia con la sua compagnia di sfigati.

Anche in auto i pensieri e le contraddizioni non mi abbandonarono, anzi, più mi avvicinavo alla sede della Galaxya, più aumentavano; stavo guidando come una vecchia di cento anni, andavo talmente piano, che ero a rischio di una multa per intralcio al traffico, non volevo arrivare in ufficio, o meglio, volevo arrivarci il più tardi possibile, mi serviva assolutamente più tempo per prendere una decisione, ma la distanza tra casa dei miei e la Galaxya, nonostante andassi a dieci chilometri all'ora, non mi concedeva il tempo di cui avevo bisogno, forse non sarebbe bastato tutto il tempo del mondo.

Arrivai e parcheggiai il più lontano possibile dalla porta d'ingresso, ero ridicolo a comportarmi così, ma avevo paura.

Fin da quando mi ero iscritto all'università desideravo diventare un uomo come Nigiel, preparato, sicuro, carismatico e spietato, intelligente lo ero, per questo non avevo bisogno di assomigliare a qualcuno, ma non avevo fatto i conti bene, li avevo fatti senza l'oste, sarei dovuto diventare anche senza cuore e privo di moralità e al bisogno profondamente disonesto.

Per Nigiel questo non rappresentava un problema, il tutto faceva parte del gioco e lui era un abile giocatore, potrei dire che a lui piacevano queste regole, che avrebbe giocato così anche se non ce ne fosse stato bisogno, lui godeva solo quando aveva tutto sotto il suo controllo. Il povero McKinney, che aveva perso la vita per colpa sua, era solo una pedina sacrificabile, un pezzo della scacchiera da eliminare, affinché lui potesse raggiungere il suo scopo, ovvero, presentare dei conti taroccati e non avere nessuno che se ne potesse accorgere, aveva ammazzato, licenziato e ridimensionato tutti i professionisti in grado di farlo. In più, aveva promosso una manica di mezze tacche, che non avrebbero mai fatto carriera, perché limitate professionalmente, caratterialmente e umanamente, ma lui voleva questo, persone incompetenti ai posti di comando; la sala dei bottoni era gestita da suoi uomini, che fino a poco tempo fa non lo erano, ma che per un tozzo di pane si erano fatti comprare, sì, per pochi euro e un'auto aziendale. Aveva usato i denari del sig. Briaton, perché l'aumento e la macchina aziendale erano a carico della Galaxya, ma loro sarebbero stati grati, riconoscenti e schiavi a vita di Nigiel e di nessun altro, lui sì che era il vero signore e padrone dell'azienda. Per dirla volgarmente ma altrettanto chiaramente "stava facendo il frocio con il culo degli altri".

Un genio, un genio del male che decideva su tutto e tutti, senza prendersi una responsabilità e senza firmare un documento. Se ci fossero stati problemi, lui non ne avrebbe avuto alcuno, non avrebbe avuto nemmeno il bisogno di sparire, d'altronde era un semplice consulente, nessuno avrebbe mai potuto muovere accuse contro di lui. Nessuna prova, nessun colpevole e allora sarebbero stati tutti colpevoli.

XII

Entrai, salutai le ragazze al desk, e mi diressi verso l'ascensore: «Aspettami, Henry» era il sig. Briaton, avevo finito di farmi la doccia un'ora prima, ma ero di nuovo tutto sudato e questa volta non era merito di Maryan, era il 17 dicembre e io sudavo come i dannati all'inferno.

«Buon giorno, sig. Briaton» risposi.

«Buon giorno, Henry, come va, ci siamo quasi… tra quattordici giorni diventeremo davvero grandi».

«Sì, sig. Briaton, diventeremo veramente una grande realtà, a proposito le vorrei parlare…»

«Di cosa Henry, oggi Nigiel non c'è, mi ha detto che ha avuto un imprevisto e doveva partire per forza per Londra, tornerà domani, vogliamo aspettare lui per vederci?»

Era tornato a Londra; sicuramente Grace l'aveva chiamato, dicendogli che era arrivato un pacco inviato dal Cavaliere De Marchi, la povera Grace non poteva sapere cosa c'era dentro, ma Nigiel sì, ed era partito di corsa, per nascondere il bottino che si sarebbe spartito con l'amico Belt.

«Sig. Briaton, se durante la giornata riuscisse a ricevermi, le sarei infinitamente grato, le ruberò solo pochi minuti».

«Va bene Henry, ti farò avvertire dalla mia segretaria, adesso sono impegnato, appena mi libero, ti farò chiamare».

«Grazie, sig. Briaton».

«Buon lavoro, Henry».

Mi diressi verso l'ufficio di Maryan, ma nel corridoio incontrai Belt che mi chiese di seguirlo nella sua stanza, dicendomi che voleva confrontarsi con me sul lavoro da lui eseguito, la famosa *due diligence* sulla Mercury. Senza nemmeno rispondergli lo seguii, mi sentivo come spiato nei miei pensieri; Belt fino a quel momento mi aveva considerato poco o niente, non mi riteneva alla sua altezza e a dire il vero non lo ero, lui correva mentre io gattonavo, la sua padronanza dei numeri era impressionante. Era vero che aveva venti anni più di me, ma non sapevo se fra venti anni io sarei diventato bravo come lui. Perché voleva parlarmi? Di sicuro non per avere una mia opinione, lui non mi stimava per niente.

Mi sedetti, c'era il suo lavoro stampato sul tavolo, una copia per lui e una per me, iniziammo a sfogliare le pagine, tutto scorreva bene, il suo lavoro era sempre puntuale e dettagliato; arrivammo alla pagina dei costi del personale e dei margini, io sfogliai velocemente e non commentai, ma lui mi disse: «Henry, soffermiamoci sui costi, che ne pensi?»

«Mi sembrano corretti Simon, anzi, devo dire che a mio avviso sono abbastanza prudenziali». Non sapevo cosa dire, i conti erano sbagliati, ma prima volevo dirlo al sig. Briaton, non volevo dare nessun vantaggio a Nigiel e a Belt, loro non ne avevano di certo bisogno. Belt mi fissava intensamente, sembrava volesse leggermi dentro, il figlio di puttana voleva capire se avevo scoperto qualcosa, ma io cercavo di non tradire alcuna emozione, mi sentivo ardere, la mia camicia era completamente bagnata, prima il sig. Briaton in ascensore, ora l'interrogatorio di Belt, ero sottopressione, ma non potevo e non volevo mollare. Fissai Belt e sostenni il suo sguardo: «Ho studiato e ristudiato il tuo lavoro molte volte, Simon, è stato illuminante, ti confido che ho cercato di trovare un errore che mi avrebbe permesso di fare bella figura con tutta la nostra squadra, ma niente, non sono riuscito a trovare niente. Ottimo lavoro, Simon, complimenti».

«Grazie Henry, ti auguro una buona giornata e buon lavoro».

Finalmente riuscii ad arrivare nell'ufficio dove Maryan e le sue due colleghe avevano le postazioni di lavoro, lei era sola, le legali delle due aziende erano alla macchinetta del caffè, Maryan non fumava e di caffè ne prendeva pochi, dunque non le aveva raggiunte. "Benissimo" mi dissi, "ho il tempo per dirle le mie intenzioni"; lei però non mi fece nemmeno finire di parlare: «Sei un pazzo, Henry, sei un ragazzino stupido, ti stai illudendo che il sig. Briaton ti creda, ma come puoi pensare questo, Nigiel ti si scaglierà addosso con tutta la sua forza, con tutta la sua cattiveria, e ti posso assicurare che è veramente tanta».

«Maryan, sicuramente succederà quello che dici tu, ma non riesco a essere diverso da quello che sono, la tentazione di prendere i soldi e di fare carriera è fortissima, anche perché è quello che ho sempre desiderato, ma non così, non mi va bene, mi fa stare male. Se non facessi niente, non riuscirei più a guardarmi allo specchio senza vergognarmi e farei vergognare anche i miei genitori. No, questo è quanto di più lontano da quello che mi è stato insegnato e da quello che voglio. Sostengo da sempre che l'impegno non conta niente, conta solo il risultato, ma questo deve essere conseguito onestamente, senza prepotenze sui più deboli, senza truffare, altrimenti è possibile fare tutto, e a questo punto tanto vale armarci di fucili e pistole e andare a rapinare tutte le banche che vogliamo, lo scopo di far soldi l'avremo raggiunto, ma come?»

«Henry, stai facendo una stronzata, dammi retta, fidati, non avrai la gloria che pensi, verrai smontato pezzo per pezzo, ti faranno passare dalla parte del torto».

Vedendomi irremovibile, Maryan mi disse solo: «Sei molto più forte di me».

Si alzò e mi diede un bacio, un bacio pieno di passione, non dico che non mi avesse fatto piacere, ma in quel preciso istante, mi sentivo come un condannato a morte, a pochi passi dell'esecuzione, che veniva salutato per l'ultima volta dalla sua donna. In un secondo il mio stato d'animo passò dall'emozione alla paura, Maryan si sedette al suo posto e non mi disse più niente, ogni tanto distoglieva lo sguardo dalla tastiera e dal video per incrociare il mio, ma lo faceva per una frazione di secondo, le sue colleghe erano rientrate e il momento che era stato soltanto nostro era finito.

Passai tutta la mattina a guardare il telefono, sapevo che prima o poi avrebbe squillato e dato che non mi chiamava mai nessuno, quando lo avrebbe fatto, non avrei dovuto scervellarmi per sapere chi c'era dall'altra parte.

Alle dodici e dieci del 16 dicembre venni chiamato dalla segretaria: «Dott. O'Neill, il sig. Briaton la sta aspettando nel suo ufficio». Non riuscirò mai a rendere l'idea di come mi sentivo, pensavo che avrei vomitato nel corridoio, avevo paura... cazzo, se avevo paura.

Arrivato davanti alla porta del suo ufficio, bussai.

«Avanti, vieni Henry, accomodati pure... cosa mi volevi dire».

Il sig. Briaton mi dava del tu, lo faceva perché ero più giovane di sua figlia, così diceva lui, con me era sempre gentile, potrei quasi dire che gli stavo simpatico, lui poi aveva dato la sua approvazione alla mia nomina a direttore generale post-acquisizione e fusione aziendale. Chissà come avrebbe reagito alle mie rivelazioni.

Iniziai. Il sig. Briaton mi ascoltava senza interrompermi, io, nonostante la paura, riuscii a dirgli tutto, numeri alla mano ero riuscito a fargli vedere tutto quello che ritenevo artefatto, modificato con l'intento di truffarlo.

Il sig. Briaton mi fece una sola domanda, la voce non era più amichevole come quando mi aveva accolto nel suo ufficio: «Perché Nigiel avrebbe fatto tutto questo?»

Io non seppi rispondere, non potevo sputtanare Maryan, non potevo dirgli del milione che aveva trovato, non l'avrei mai fatto, lei mi aveva avvertito che non sarebbe stata una passeggiata.

«Sig. Briaton, il motivo non lo so, le garantisco, però, che i numeri non sono corretti, sono aggiustati per far credere che l'operazione Mercury sia virtuosa, ma in verità è tutt'altra cosa».

«Ok, Henry, domani mattina Nigiel sarà qui, faccio convocare una riunione con tutti i dirigenti della Galaxya, voglio che ci siano anche i capiufficio, ovviamente sarete presenti anche tu, Nigiel, Belt e la Fishmayer, vai pure ci vediamo domani mattina».

Non so se mi avesse creduto o meno, con me era stato educato e rispettoso, lo era sempre stato e anche questa volta non fu da meno. Mi misi a ripassare tutti i conti, tutti i numeri, conoscevo le slide a memoria, laddove fossero andate disperse sarei stato in grado di disegnare i grafici a mano; ero spaventato da quello che avrebbe potuto fare Nigiel, allo stesso tempo, però, ero sicuro di essere preparato per ogni tipo di domanda, avrei saputo rispondere a tutto, tranne a quella che mi aveva posto il sig. Briaton, perché avrebbero fatto tutto ciò. A questo non avrei saputo rispondere, o meglio, non avrei voluto rispondere, ma ero sicuro di riuscire a convincere tutti, puntavo sul fatto che i dirigenti, presa visione della furbata, avrebbero preso coraggio, schierandosi dalla mia parte, confermando che quello che avevo mostrato era giusto, che Nigiel e Belt stavano truffando la Galaxya e il sig. Briaton, così avrei salvato Maryan dalla gogna, dimostrando che lei non c'entrava nulla con quei due banditi.

La notte prima della riunione non finiva mai, avrò fatto la pipì venti volte, le lenzuola le avevo consumate da quanto mi ero girato e rigirato, provavo il discorso sottovoce, non volevo farmi sentire dai miei, loro non sapevano niente del casino in cui mi stavo mettendo e delle preoccupazioni che mi stavano trapanando lo stomaco, loro non sapevano nemmeno che lavoro facevo, a cena ne avevamo parlato, ma non avevano capito più di tanto.

Vidi scorrere le lancette per tutta la notte, le due, le tre, le quattro, dalle cinque in poi iniziai a guardare la sveglia ogni cinque minuti, forse ventiquattro volte in due ore, non avevo dormito nemmeno un secondo, ma per fortuna tutto passa e anche quella notte, che definire di merda non rende bene l'idea di cosa sia stata, finalmente terminò. Fuori era giorno.

Colazione, doccia, barba, ero pronto... salii sul Defender di mio padre e mi avviai in direzione della sede, non avevo più timore, la paura era completamente sparita, non sentivo più nulla, forse stavo sognando, mi sembrava impossibile, non ci credevo, mi sentivo sicuro, sapevo di essere nel giusto.

Non mi stava aspettando nessuno con il mitra spianato, non c'era niente di diverso rispetto agli altri giorni, le ragazze del centralino mi salutarono come al solito: «Buon giorno, dott. O'Neill». L'ascensore non si fece attendere, arrivai così al terzo piano, puntuale come sempre. Nigiel e Belt erano alla macchinetta del caffè, a quell'ora, nove volte su dieci, li trovavo sempre lì, li salutai e loro ricambiarono con un sorriso, non sembravano arrabbiati o risentiti. La riunione sarebbe iniziata tra cinque minuti, le persone incominciarono a entrare nella sala, decisi di andarci subito anch'io, senza passare per il mio ufficio. La sala era stata preparata, c'erano i cavalieri segnaposto, le bottiglie da mezzo litro di acqua, una per ogni partecipante, era stato sistemato tutto a dovere.

Alle nove arrivò puntuale il sig. Briaton che entrò per ultimo; l'agitazione rincominciava a farsi sentire, ma non più di tanto, sorseggiavo l'acqua, non per sete, ma perché non sapevo cosa fare, stavo attendendo che mi venisse data la parola e nell'attesa mi guardavo intorno. La tensione negli occhi di tutti era palpabile, erano stati convocati senza un ordine del giorno definito, a mio avviso molti pensavano di essere licenziati seduta stante, nei loro occhi la paura aveva trovato rifugio, più che nei miei.

Finalmente, dopo un'introduzione molto ampia, il sig. Briaton mi cedette la parola; mi alzai, tutti gli sguardi si concentrarono su di me. Partii sicuro, proiettando le slide che avevo preparato, non usavo toni polemici, mostravo le varie incongruenze che avevo rilevato nella presentazione mostrata da Nigiel in precedenza, in lontananza sentivo dei commenti bisbigliati a bassa voce, erano i dirigenti della Galaxya: «Hai visto, le incidenze e soprattutto i valori sono sbagliati, ci stanno mettendo alla gogna utilizzando dei numeri fasulli».

Il bisbiglio aumentava a ogni slide che presentavo, Nigiel e Belt li osservavo con la coda dell'occhio, sembravano sereni, come se tutto ciò non li sfiorasse, entrambi avevano un ghigno cattivo stampato in faccia.

Nigiel chiese la parola: «Mi scuso con lei sig. Briaton e con tutti voi, mi spiace essere pugnalato da un mio collaboratore, il dott. O'Neill lavora per me da poco meno di quattro mesi, oggi sarà il suo ultimo giorno qui in azienda, alla fine di questa riunione verrà licenziato. Non mi è chiaro il suo scopo, non so dove voglia arrivare, ma lo posso dedurre».

Mi prese la nausea, e se non fossi rimasto tranquillo, avrei vomitato lì davanti a tutti.

«Sappiamo che il dott. O'Neill, nelle ultime settimane, ha fatto nuove amicizie».

Io pensavo che si riferisse alla relazione che avevo con Maryan, ma invece no, Nigiel aveva tutt'altro da dire: «Amicizie che sta frequentando assiduamente».

Rimasi in silenzio, non riuscivo a capire dove voleva andare a parare, però non ero preoccupato, sapevo di non aver fatto niente di male, di certo non è un reato se un uomo va a letto con una donna, soprattutto se entrambi sono liberi da legami sentimentali. L'unica cosa che mi stava creando un po' di ansia era quella nausea che stava decisamente aumentando, ero al limite, ma non volevo andare in bagno, altrimenti chissà cosa avrebbero pensato.

Nigiel continuò: «Dato che il comportamento del dott. O'Neill, nell'ultimo periodo, mi è sembrato a dir poco bizzarro e il fatto che siamo tutti qui riuniti a parlare del niente lo dimostra, perché dobbiamo dircelo che di questo stiamo parlando, del niente assoluto, ho assunto un investigatore privato che l'ha seguito ovunque. Guardate con chi si è visto il dott. O'Neill tre giorni fa».

Le foto mi ritraevano seduto a un tavolo in un ristorante con un signore di mezza età, con baffi e capelli bianchi, io non sapevo chi fosse, ma ero sicuro che da lì a poco lo avrei scoperto.

«Arthur McGregor» tuonò Nigiel.

Non lo feci nemmeno finire di parlare, iniziai a vomitare, mi stavo contorcendo e non riuscivo a fermarmi.

Nigiel non perse l'occasione di infierire: «Non sei neanche capace di reggere la tensione, Henry, allora vuol dire che la verità fa male come dicono... sei stato scoperto a tramare con il proprietario della Krafor, acerrima concorrente della Galaxya. Dillo, abbi le palle per ammettere che hai passato i dati della Mercury a McGregor. Quanto ti ha pagato per fregarci?»

Oltre al vomito, non ci vedevo più bene, cercavo di guardare Nigiel fisso negli occhi, ma la sua testa si deformava, quella del sig. Briaton pure, io volevo rispondergli che non sapevo di cosa stesse parlando, non conoscevo McGregor e non sapevo niente della Krafor, ma le parole mi si strozzavano in gola e non c'era verso di farle uscire dalla bocca, ero tutto sudato, respiravo affannosamente, mi girava la testa, vedevo Nigiel, ormai informe, che veniva verso di me, presi quindi il mio portatile e glielo tirai addosso. Uscii di corsa dall'ufficio e iniziai a correre per i corridoi, mi stavano inseguendo tutti, compresa Maryan, erano tutti deformi. Provai a entrare negli uffici, ma le porte erano tutte chiuse, i dipendenti mi stavano guardando dalle vetrate, erano deformi anche loro; corsi, corsi come non avevo mai fatto prima, ma non c'erano più porte da aprire, mi trovavo in un vicolo cieco, mi girava tutto come se fossi stato su una giostra che andava sempre più veloce, mi mancavano le forze... caddi a terra stremato.

Nigiel era sanguinante, lo avevo preso in pieno volto e perdeva sangue dal naso, chiese a un'assistente di chiamare un'ambulanza, disse a tutti che la riunione sarebbe ripresa tra un'ora e se ne andò in bagno per darsi una ripulita.

Maryan e tre dirigenti rimasero vicino a me, fino all'arrivo dei medici, vedevo cose che non esistevano, leoni che passeggiavano nei corridoi, treni che mi venivano contro, ero in preda alle allucinazioni, non riuscivo a parlare, non vedevo niente che fosse reale. Dopo circa quindici minuti arrivarono e mi portarono in ospedale.

Ritornarono tutti in sala riunioni, tutti tranne me, che nel frattempo era stata pulita e profumata, l'odore di vomito non è il massimo in un ambiente chiuso. Mentre Belt aiutava Maryan a raccogliere il contenuto della sua borsa che si era capovolta, Nigiel con la camicia sporca di sangue, come un soldato tornato dal fronte e in piena campagna elettorale, iniziò a spiegare a tutti l'accaduto, creando consenso anche dove non ce n'era bisogno: «Henry ci ha tradito, il suo intento era di metterci l'uno contro l'altro, voleva far saltare l'acquisto della Mercury favorendo così McGregor. La nostra *due diligence* ci è stata rubata per far sì che McGregor potesse infilarsi e soffiarci questa fantastica opportunità».

Il sig. Briaton, schifato da quanto aveva visto, chiese perché io l'avessi fatto.

«Perché è un drogato, ho appreso anche questo dall'investigatore, fa uso di droga da sempre e ultimamente si è messo in un brutto giro. Henry lavora con noi da poco, non lo conoscevo così bene, mi sembrava un ragazzo per bene e invece era un drogato doppiogiochista. Se volete posso farvi ascoltare il loro piano, ho delle registrazioni in cui McGregor gli propone di diventare amministratore delegato e gli offre cinquecentomila euro per i documenti che Henry gli avrebbe dovuto passare sottobanco. Ci ho messo un po' per capire cosa stava succedendo, alcune cose non mi tornavano, ma poi è diventato tutto chiaro: il suo scopo era di rallentarci, facendoci sorpassare dalla Krafor».

«Quel ragazzino me l'aveva quasi fatta» disse il sig. Briaton, «e dire che mi stava anche simpatico, sto proprio invecchiando, i giovani di oggi non li capisco, gli avevamo offerto la direzione generale della nostra azienda... bah, proprio non li capisco» disse sorpreso e profondamente colpito, ed era comprensibile visto che lo spettacolo a cui aveva appena assistito era stato pietoso.

Maryan era a dir poco sconvolta da quanto aveva visto, non poteva crederci, si era completamente estraniata dal contesto in cui si trovava, le persone sedute intorno al tavolo stavano parlando, ma lei non le sentiva, non riusciva a smettere di pensare a quello che era appena accaduto, si sentiva tradita, non da una persona di cui era innamorata, ma di cui si fidava, a cui voleva bene ed era un bene superiore all'amore stesso.

Non si dava pace, aveva preso l'ennesima fregatura, pensava fossi come Nigiel, entrambi l'avevamo illusa, usata e presa in giro, la rabbia che provava era indescrivibile.

La riunione stava volgendo al termine, Nigiel ne stava uscendo più forte di prima, dopo tutto aveva sventato un ammutinamento ed era riuscito a preservare l'operazione in corso, sbugiardandomi e mettendolo in quel posto a McGregor e alla tanto odiata Krafor. Sì odiata, perché per otto anni il sig. Briaton e McGregor erano stati soci, oltre che buoni amici, amicizia terminata nel maggio del 1988, quando dalla sera alla mattina McGregor si era portato via i migliori ricercatori e tecnici di laboratorio, assieme a tre dirigenti, facendo nascere la Krafor.

Il sig. Briaton, da allora, aveva dichiarato guerra al suo ex amico e socio, facendo di tutto per essere migliore di lui, come uomo e come imprenditore e ci era riuscito senza sforzarsi più di tanto. McGregor era un balordo, una brutta persona, e la sua azienda vivacchiava alla meglio, senza infamia e senza lode.

Per questo, quando il sig. Briaton aveva sentito pronunciare da Nigiel il nome di McGregor, gli occhi gli si erano strabuzzati e riempiti di rabbia e odio. Io, per il sig. Briaton, ero definitamente morto.

XIII

Mi avevano portato al St. James Hospital, erano stati costretti a legarmi al letto, vedevo cose che non esistevano, cose belle, cose brutte, cose che non capivo, e da quando avevo le stringhe che mi tenevano bloccato, vedevo dei grossi massi che mi cadevano addosso. Cercavo di mordere gli infermieri, li ritenevo responsabili della frana che mi stava investendo e loro, anziché aiutarmi, mi tenevano fermo impedendomi la fuga.

Capirono immediatamente che le allucinazioni erano la conseguenza dall'assunzione di sostanze psichedeliche, le analisi lo confermarono, avevo in corpo più di ottocento milligrammi di mescalina, fino a quel momento non l'avevo mai sentita nominare, e non la sentii nemmeno quel giorno, dato che rimasi fuori di testa per circa diciassette ore. La mescalina è una sostanza allucinogena naturale, estratta dai cactus come il peyote, gli sciamani dell'America Latina la utilizzano durante i rituali, il dosaggio usato dai consumatori abituali è di circa trecento milligrammi, io ne avevo ingerita quasi tre volte di più.

Nelle diciassette ore di oblio ne avevo combinate di tutti i colori, avevo sputato alla suora che era passata a chiedermi come mi sentivo, la poverina non si era accorta delle cinghie, urlavo contro tutti, le allucinazioni mi facevano vedere di tutto e di più, nani che mi tagliavano le gambe, insetti che mi entravano e uscivano dal naso e dalle orecchie, onde d'acqua immense che si abbattevano su di me. L'ospedale chiamò i miei genitori, nessuno dalla Galaxya li aveva avvertiti, appartenevo già al passato per loro, ero morto e sepolto; quei due poveracci presero un taxi, l'auto di mio padre l'avevo presa io, ed era rimasta lì dove l'avevo parcheggiata. Quando arrivarono all'ospedale, gli dissero che ero in preda all'effetto di una droga allucinogena. Per un uomo come mio padre sarebbe stato meglio che fossi morto, lui avrebbe preferito di gran lunga la morte alla vergogna, la batosta fu talmente grossa che dovettero farlo distendere per qualche minuto. Mia madre era più forte, non si abbondonò a isterismi, prese una sedia, la accostò al mio letto e si mise ferma lì, con le mani giunte, non disse niente e non alzò più la testa fino a che la droga non terminò il suo effetto.

A tarda notte, venne a trovarmi anche Maryan, si fece accompagnare da Mik; mio padre era tornato a casa, mentre mia madre era rimasta al mio capezzale. Maryan si presentò, mi madre le disse senza molti riguardi: «Sei tu che gli sporchi sempre il collo delle camicie?» Maryan annuì, senza dire una parola. «Sarebbe bene allora che gliele lavassi e stirassi tu, dopo avergliele sporcate, a quanto vedo l'esperienza non dovrebbe mancarti».

Mik disse a Maryan che era meglio andar via e così fecero.

Mi svegliai la mattina seguente, e la prima persona che vidi fu mia madre, stanchissima, ancora lì vicino a me: «Henry, ma che cosa hai combinato?»

Io non sapevo cosa risponderle, non era che non volevo, non lo sapevo, mi sentivo tutto rotto, mi prese una certa paura e chiesi a mia madre dove ero, perché ero legato, che cazzo mi era successo. Mia madre piangendo, e non era una che piangeva facilmente, mi disse che gli infermieri del St. James erano stati costretti a legarmi, perché ero sotto l'effetto della droga ed ero un pericolo per gli altri e per me stesso.

«Henry, da quanto tempo ti droghi?»

«Ma che cazzo dici mamma, io non mi sono mai drogato in vita mia, lo sai, non fumo e non mi drogo!»

«Henry, ieri quando tuo padre ti ha visto si è sentito male, perché ci fai questo, abbiamo solo te».

«Mamma, chiama un dottore... ti supplico, per favore, chiamalo! Fammi parlare con qualcuno che mi possa spiegare cosa mi è successo, non sono un drogato, non lo sono mai stato e mai lo sarò».

Iniziai a strillare: «C'è un dottore in questo cazzo di ospedale, c'è un cazzo di dottore?»

Arrivò un'infermiera piccolina e sorridente, non ero degno nemmeno di parlare con un dottore, mi dovevo accontentare dell'infermierina che, poverina, fu carinissima nel cercare di calmarmi e di spiegarmi quello che mi era successo e l'effetto che aveva causato la sostanza allucinogena che avevo ingerito. Tranne che nella parte iniziale della spiegazione, non la interruppi mai, volevo capire, ma più lei parlava, più io mi distaccavo da quello che mi diceva, non mi sembrava possibile, non riuscivo a capire cosa mi era successo, ero ancora un po' rincoglionito, e non riuscivo a mettere tutti i pezzi insieme.

Chiesi a mia madre da quanto ero in ospedale: «Dalle dieci e quarantacinque di ieri mattina» mi rispose.

Dunque… mi era successo durante la riunione, ricordavo di averla iniziata, ma poi nient'altro. Cercavo di concentrarmi, mi sforzavo di ricostruire l'accaduto, qualche frammento riaffiora qua e là, ma niente, ero ancora troppo rincoglionito. Chiesi all'infermiera di sciogliermi, lei non se lo fece ripetere, lo fece immediatamente, aveva capito che non ero più pericoloso, che la ragione stava tornando in me, lentamente, ma stava tornando.

In ospedale il tempo non passava mai, era la prima volta che venivo ricoverato, pareva quasi che l'orologio girasse al contrario, avevo fretta di uscire, volevo tornare al lavoro, volevo dimostrare a tutti che Nigiel era un poco di buono, allo stesso tempo mi veniva in mente che qualcosa durante la riunione doveva essere successo, il problema e che non me lo ricordavo, ma ero sicuro che a breve l'avrei scoperto, e così fu.

Entrarono nella stanza due poliziotti, improvvisamente arrivò anche il dottore, che fino a quel momento non si era fatto vedere.

Prima parlarono con lui, ignorandomi, poi con un piglio molto deciso mi comunicarono che il sig. Briaton aveva sporto denuncia contro di me, e che c'erano venti testimoni che avevano assistito all'accaduto, come se ciò non bastasse, ma si sa che al peggio non c'è mai fine, c'erano anche i video delle telecamere di sicurezza che avevano ripreso tutto.

Ero senza parole, denuncia, testimoni, telecamere, ma cosa stava succedendo? Intervenne il dottore, rivolgendosi ai poliziotti: «Non sta fingendo, la dose di mescalina che ha assunto l'ha fatto distaccare dalla realtà e ha rimosso dalla sua memoria l'accaduto. Devo dire che è stato fortunato, poteva bruciarsi il cervello».

I due poliziotti, tramite un pc portatile, mi mostrarono le immagini di quanto accaduto, non prima di far uscire mia madre dalla stanza, le immagini erano forti, imbarazzanti, mi vergognavo di quello che stavo vedendo, non mi riconoscevo, non ero io, sembrava fossi un pazzo che si scagliava contro tutto e tutti. Avrei voluto sprofondare, sparire, non dalla stanza in cui ero ricoverato, volevo sparire da Dublino, anzi, dall'Irlanda, pensavo alla vergona che avrebbero provato i miei genitori nel vedere quello che avevo combinato, ero anche molto preoccupato dal fatto che nessuno mi avrebbe più dato un'opportunità di lavoro. Avevo perso ogni credibilità, l'avevo persa anche ai miei occhi. Come ultima cosa, i due poliziotti mi dissero che contro di me c'era anche una diffida, non potevo avvicinarmi al mio posto di lavoro, dovevo stare almeno a cinquecento metri dalla sede della Galaxya, la motivazione era che il personale aveva paura di me. Ingenuamente chiesi come potevo fare con la macchina, l'avevo lasciata nel parcheggio dell'azienda, la loro risposta mi gelò: «Non si preoccupi, suo padre è andato a riprendersela».

Se mi avessero dato una coltellata non mi sarebbe uscita nemmeno una sola goccia di sangue, immaginavo l'umiliazione a cui si era dovuto sottoporre mio padre, un figlio pazzo, drogato, legato in un letto di ospedale, e lui costretto ad andare, con la coda tra le gambe, a riprendersi la sua macchina, sotto gli sguardi di quei corvi, che da dietro alle vetrate sicuramente non erano mancati.

Nigiel aveva segnato un'altra meta e che meta: il sig. Briaton, dopo aver dubitato della sua buona fede, era nuovamente conquistato, anzi, la stima, se ciò fosse stato possibile, era addirittura aumentata, Nigiel aveva smascherato il complotto ordito dal suo peggior nemico, il tanto odiato McGregor. A questo punto aveva l'azienda in mano, aveva dimostrato a tutti chi comandava, e nessuno si poteva mettere contro di lui e uscirne indenne, aveva anche attirato l'attenzione di Belt e Maryan, dimostrando che a lui non la si fa.

Il messaggio era forte e chiaro, tutti alla Galaxya si erano piegati a lui, ne era il signore e padrone, mancavano dieci giorno al closing con la Mercury, non voleva altri impedimenti, zero ostacoli fino al 31 dicembre.

Non si parlava più di me in azienda, Nigiel l'aveva vietato a tutti, ero una macchia nera che andava eliminata, un errore di valutazione commesso da parte sua in buona fede, ero catalogato come un episodio increscioso, che apparteneva al passato.

XIV

Mi mangiavo il fegato per capire con chi me la dovessi prendere, i dottori mi avevano detto della mescalina, mi ero fatto spiegare come funzionava, come si assumeva, mi guardavano come se li stessi prendendo in giro, ormai non ci facevo più caso, mi stavo abituando al fatto di non essere creduto, dovevo farmene una ragione, non avevo più voglia di ripetere che non mi ero mai drogato ed era la prima volta che sentivo nominare quella sostanza. Con sufficienza mi dissero che era in polvere e poteva essere aggiunta a qualsiasi tipo di bevanda.

Passavo le giornate a pensare come mi avevano incastrato, sul chi non avevo dubbi, era stato Nigiel, sul come l'unica spiegazione che mi davo è che avesse messo la mescalina nella bottiglia di acqua, la bottiglia era aperta, erano aperte tutte le bottiglie, il tappo c'era ma era svitato.

La presenza dei cavalieri segnaposto avvalorava la mia tesi, non potevano permettersi che quella bottiglia fosse finita in altre mani, o meglio in un'altra bocca se non nella mia. E se l'avesse bevuta la sig.ra McBright, assistente personale del sig. Briaton, cinquantotto anni e circa centoventi chili? Be'... sarebbe stata dura immobilizzarla come avevano fatto con me.

Sì, doveva essere andata per forza così, non vedevo altre possibilità, fino a qui era facile, ora dovevo capire come dimostrarlo, ero solo e per di più in un letto di ospedale.

L'unico che mi credeva era Mik, sapeva chi ero, al pub aveva potuto apprezzare il mio modo di fare, non frequentavo brutti giri e non ero attratto dallo sballo, lui avrebbe voluto aiutarmi, ma non sapeva come poterlo fare.

La notte del 23 dicembre, a mezzanotte, Mik mi fece il più bel regalo di Natale che potesse farmi, mi portò Maryan, era bella come sempre, ma stava sulle sue. La vedevo imbarazzata o forse era più giusto dire confusa, non sapeva chi avesse di fronte, si sentiva raggirata per l'ennesima volta, ma il bene che provava per me la confondeva, non voleva credere allo spettacolo a cui aveva assistito, ma l'aveva visto con i propri occhi e questo l'irrigidiva ancora di più. Potevo capirla benissimo, al posto suo mi sarei comportato allo stesso modo.

All'inizio eravamo entrambi in imbarazzo, Mik se ne andò al bar dell'ospedale, quello non chiudeva mai, era aperto 24 ore su 24, voleva lasciarci soli, non lo ringrazierò mai abbastanza…

«Henry, come stai?»

«Adesso meglio, i primi due giorni sono stati duri».

«Hai fatto un casino…»

«Maryan me l'hanno fatto fare, io non mi drogo».

«A chi ti riferisci?»

«A chi vuoi che mi riferisca, a Nigiel».

«Henry, hanno le prove che tu avevi un accordo con McGregor, il proprietario della Krafor, che saresti diventato l'A.D. dell'azienda e avresti preso cinquecentomila euro, per farci saltare l'operazione».

«Maryan, io non so chi sia McGregor, Nigiel ha montato tutta questa storia».

«Hanno in mano foto e registrazioni, Nigiel ti aveva messo un investigatore alle calcagna...»

«Che foto? Tu le hai viste? Hai sentito le registrazioni?»

«No, non ho visto le foto di te e McGregor e non ho sentito nemmeno la registrazione di voi due che parlate, ma...»

«Ma cosa?»

«Ho sentito la registrazione di te e Belt».

«Che registrazione?»

«Nigiel l'ha fatta sentire a tutti, tu che apprezzi il lavoro fatto da Belt; "ho studiato e ristudiato il tuo lavoro molte volte, Simon, è stato illuminante, ti confido che ho cercato di trovare un errore che mi avrebbe permesso di fare bella figura con tutta la nostra squadra, ma niente, non sono riuscito a trovare niente. Ottimo lavoro Simon, complimenti"».

«Grande figlio di puttana, mi ha registrato, ho detto quello che ho detto solo per essere lasciato in pace, pensavo stesse sondando il terreno su quanto avrei riferito durante la riunione e io non volevo dargli dei vantaggi, di fatti non ne avevano bisogno».

«Henry, che pensi di fare?»

«Non lo so, adesso ho solo voglia di uscire da qui, voglio mandare Nigiel in galera, quello è il posto dove merita di stare».

«Io devo tornare a Londra da mia madre, il 27 sarò di nuovo qui a Dublino, buon Natale, Henry, riguardati, ti voglio bene».

Maryan si sforzava di credermi, ma gli elementi contro di me erano difficili da ignorare, le registrazioni non deponevano certamente a mio favore, nonostante ciò, ci abbracciammo e baciammo, quanto successo non cancellava le nostre serate trascorse insieme, le confidenze fatte e poi, a modo nostro, ci volevamo veramente bene.

Mik ricomparve tutto a un tratto, al momento giusto, se la portò via e io rimasi tutta la notte a rimuginare su quanto mi era stato detto.

La mattina del ventiquattro dicembre mi venne a prendere mio padre, per tutto il viaggio di ritorno rimase in silenzio, solo prima di scendere dall'auto mi disse: «Hai fatto soffrire tua madre abbastanza, vedi di non fare altri casini altrimenti, lo giuro su Dio, io ti ho creato e io ti distruggo».

Bel Natale di merda mi stavo apprestando a passare, mia madre si comportò come se non fosse successo niente, voleva che la sua famiglia passasse le feste in serenità. Sia lei che mio padre mi controllavano a vista, mia mamma più con la coda dell'occhio, mio padre mi seguiva fisicamente, temeva che mi potessi drogare in qualsiasi momento e in qualsiasi posto.

Sorridevo e allo stesso tempo mi rendevo conto che sarebbe stata un'impresa titanica smascherare Nigiel e Belt, se non riuscivo a convincere i miei genitori, come sarei riuscito a farlo con il mondo intero? Come si dimostra che non sei quello che gli altri pensano che tu sia? Ero uno dei tanti innocenti, accusati e condannati ingiustamente.

Fino a qui avevo impersonato il ruolo della vittima sacrificale, e di fatto lo ero, ma se volevo sovvertire questa situazione che mi stava rovinando la vita, dovevo tirare fuori le palle e fare qualcosa, facile a dirsi un po' meno a farsi.

Il Natale passò in un clima non proprio di festa, io e miei ci sforzavamo di mostrarci felici e sereni, e lo sforzo aveva ragione di essere tale fino a quando eravamo insieme, dopo di che ognuno tornava con i propri pensieri, dubbi e timori.

La sera di Natale la passai insieme a Mik, l'unico che non aveva mai dubitato che dicessi la verità. I mei genitori, sì, avevano più di un'incertezza, e la donna che mi piaceva e con cui andavo a letto da mesi non era del tutto convinta della mia sincerità o almeno questo è quanto avevo percepito nella stanza di ospedale, prima del suo rientro a Londra.

L'unico che mi credeva incondizionatamente era lui, il mio amico; inizialmente mi sembrava anomala come cosa, e invece era più che normale, i miei genitori pensavo che in casa recitassi una farsa e quello seduto a tavola con loro non fosse il vero Henry. Maryan non poteva essere sicura che il mio trasposto per lei fosse sincero e non una strategia studiata ad arte, per farle aprire le gambe.

La serata stava trascorrendo piacevolmente con Mik e gli altri ragazzi del pub, l'effetto della birra lentamente stava facendo la sua parte, finalmente era Natale.

Mik suggerì a Nathan, il proprietario del GB, di riassumermi, Nathan colse subito la palla al balzo e non se lo fece ripetere due volte: «Henry, per me puoi iniziare da domani».

Accettai senza pensarci nemmeno un secondo, non volevo passare un altro giorno sorvegliato a vista dai miei o disteso sul mio letto a rimuginare su quanto fossero stati cattivi con me. Il 26 di dicembre mi presentai al lavoro al GB, con una grinta e una voglia di fare che non sapevo nemmeno io da dove provenissero, sicuramente il contatto con la gente, la battuta, lo scherzo e il lavoro stesso, facevano morire la vittima che era in me e permettevano all'uomo di prendere il sopravvento. Era quello di cui avevo bisogno, di certo non lo immaginavo come il lavoro della mia vita, ma era pur sempre un lavoro. Tuttavia, appena mi rilassavo un secondo, il pensiero tornava sempre lì, a come incastrare Nigiel.

Il piano di Mik era semplice, ma efficace e allo stesso tempo non percorribile, non era quello che volevo io: lui voleva aspettarlo fuori dalla sede della Galaxya e prenderlo a sprangate, non voleva ucciderlo, se fosse accaduto sarebbe stato un imprevisto, ma voleva fargli male, molto male.

Io volevo qualcosa di diverso, a un uomo come Nigiel, se vuoi fargli male, lo devi battere al suo stesso gioco, se avessi ascoltato Mik l'avrei fatto diventare un martire, e la polizia sarebbe venuta di corsa a prendermi, il movente era più che evidente, e oltre a un drogato sarei divenuto anche un omicida, no no, caro il mio Nigiel, non era questo quello che volevo per te.

Maryan aveva trascorso un bel Natale con sua madre, era l'ultimo giorno a Londra, l'indomani sarebbe tornata a Dublino, ed io ero entrato nei suoi pensieri più di una volta in quei tre giorni; il dubbio che fossi un'altra persona rispetto a quella che aveva conosciuto le era venuto in mente, allo stesso tempo sapeva che Nigiel era uno spietato e che per il proprio interesse sarebbe stato disposto a tutto. A questo si aggiungeva che, pur non essendo innamorata di me, mi voleva molto bene, le piaceva da morire fare l'amore con me, ed egoisticamente avrebbe preferito passare le feste rinchiusa con me in un cottage in montagna, piuttosto che stare tre giorni con sua madre.

XV

Ripresi il lavoro al pub, sembrava che non l'avessi mai lasciato, forse era quella la mia giusta dimensione, chissà? Forse la mia presunzione aveva superato di gran lunga la mia ambizione, la prima è la caratteristica più stupida che un essere umano possa avere, la seconda è il motore della vita, senza il quale saremmo delle larve distese su un divano in attesa che la morte sopraggiunga.

Le giornate passavano velocemente, l'ambiente del pub, soprattutto nei giorni di festa, era in grado di anestetizzarti, nonostante questo non riuscivo a non pensare al closing, a Nigiel e a Maryan: l'indomani avrebbero firmato tutto e Nigiel avrebbe raggiunto il suo scopo.

Non avevo più visto né sentito Maryan, ma sapevo il perché, il testo dell'atto notarile da preparare era abbastanza complicato, e gli ultimi giorni erano sempre quelli più incasinati, tra correzioni e modifiche dell'ultimo momento. I legali sarebbero stati gli attori principali in quelle ultime fasi, si esaltavano, volendo dimostrare a tutti chi fosse il più forte, e in quella circostanza la rivalità era ancora più accentuata dal fatto che sia Maryan, che i rispettivi legali della Galaxya e della Mercury fossero tutte donne. Nel poco tempo trascorso nella sede di Dublino, avevo imparato che le donne lavorano di più e meglio rispetto agli uomini, che sono più responsabili e precise dei loro colleghi maschi e che la grinta e la voglia di lavorare è doppia, ma tutto questo vale solo se non le metti in competizione con altre donne e se il loro gruppo di lavoro è formato da soli uomini, perché la cattiveria, la malignità e soprattutto l'invidia che una donna può provare nei confronti di un'altra donna non ha eguali in tutto il regno umano e animale.

31 dicembre. Mi alzai alle tredici, mangiai con i miei, poi un'altra pennica pomeridiana di un paio di ore sul divano, doccia rilassante, ed ero pronto per andare al lavoro, avrei iniziato alle diciannove e se andava bene avrei rincasato l'indomani mattina alle otto. Avevo fatto di tutto per non pensare alla firma che il sig. Briaton avrebbe apposto, ma era impossibile, la mia mente mi remava contro, mi faceva vedere e rivedere una scena a cui non ero presente, ero come un innamorato lasciato dalla fidanzata, che nonostante cercasse di distrarsi, tornava sempre da lei.

Per fortuna venne a soccorrermi l'orologio che, nonostante tutto e tutti, non smette mai di girare; mi resi conto solo in quel momento di quanto ero stupido, ogni volta che avevo un problema, speravo che il tempo trascorresse velocemente, mi auguravo che i giorni passassero alla velocità della luce, la stessa cosa valeva per le settimane, e non mi rendevo conto che così facendo la mia vita stava passando, nell'attesa che i problemi si risolvessero da soli. Invece, una cosa l'avevo imparata, non puoi mai abbassare la guardia, la vita va indirizzata, i problemi fanno parte di essa e li devi vivere per quelli che sono, non ha senso sperare che il tempo passi, questa è una scorciatoia da codardi, se ci si comporta così si ruba tempo a se stessi, tempo il cui valore è inestimabile, perché non torna più. Tempo, che dovremmo goderci con le persone che ci vogliono bene, con cui proviamo piacere nel condividere la nostra vita, dovremmo fare ciò che ci piace anche quando siamo sommersi dai problemi. Rinchiuderci in noi stessi e sperare che tutto passi ci ruba la cosa più preziosa che ci è stata regalata: il tempo, appunto.

L'ultimo dell'anno in un pub irlandese è qualcosa di sconvolgente, divertimento allo stato puro, whisky e birra scorrono a fiumi, uomini e donne sono convinti che tutto sia concesso, all'interno del locale vivono una sorta di immunità, un limbo il cui confine tra il sogno e la realtà è molto labile.

Lavoravo, sorridevo, scherzavo e brindavo con tutti, Mik era l'attore principale della serata, la vera star era lui, tutti gli volevano bene per il suo modo di fare, per il suo essere semplicemente Mik, un artista riconosciuto da tutti, ma estremamente alla mano, e di certo lui non si faceva pregare per fare un bicchiere, a capodanno un brindisi non si nega a nessuno. In lontananza lo vidi che si stava abbracciando con una donna, avevo notato la scena, perché Mik era un portento in tutto, ma con le donne proprio no, dopo qualche minuto si avvicinarono insieme al bancone, scoprii che era Maryan, da lontano non l'avevo riconosciuta, la luce bassa non mi aveva aiutato a farlo.

Ci guardammo come se non ci vedessimo da un'eternità, io le sorridevo, lei pure, vestita di rosso, non so se si potesse chiamare vestito, dato che la copriva veramente poco, il suo outfit non era molto adatto a un pub. Aveva addosso già tre, quattro ragazzi, che stavano cercando di abbordarla, non riusciva a sedersi sull'unico sgabello libero, perché ogni volta che ci provava loro non tenevano le mani a posto, risolse tutto Mik, fece volare due schiaffi a testa e i bellimbusti furono sistemati, senza troppo subbuglio. Mik era un'autorità all'interno del GB, era intoccabile e nessuno si sarebbe sognato di reagire, gli sprovveduti, meglio dire gli incoscienti, armati di notevole stupidità, che avessero voluto correre il rischio, si sarebbero trovati tutto il pub contro e per loro sarebbe stato un capodanno molto difficile da dimenticare.

Mancavano due minuti a mezzanotte, giusto il tempo di spillare la Guinness di Maryan, non era il massimo brindare con la birra, ma qui funzionava così, i nostri boccali si toccarono e giù un bel sorso, senza pensarci troppo, ci mettemmo entrambi a ridere, perché quando li posammo, avevamo entrambi dei baffi lasciati dalla schiuma; ci pensò Maryan a togliermela, salì sullo sgabello, si piegò in avanti per la gioia di tutto il genere maschile presente nel locale, con la lingua pulì le mie labbra e poi mi diede un bacio che pareva non finire mai, nessuno osò sfiorarla, nessuno fece commenti fuori luogo, solo dei ragazzi, seduti sul tavolo davanti al bancone, si limitarono a brindare simpaticamente allo spettacolo a cui avevano assistito.

«Ti voglio bene, Henry, mi sei mancato!»

«Avevo paura di non rivederti più».

«Henry, ti credo... credo che non sei quello che ho visto».

«Pensavo che non ti avrei mai sentito dire queste parole».

«Quando ho salutato Nigiel, prima di partire per Londra, ho visto il ghigno che aveva stampato in faccia e ho capito».

«Be'... almeno per stasera non pensiamo a quel pezzo di merda, e godiamoci la serata».

«Hai ragione sono venuta qui per godermi la serata ed è quello che farò».

Finimmo di bere le nostre birre e poi, anche se malvolentieri, rincominciai a lavorare, di gente ce n'era tanta e avevano tutti voglia di bere, lei andò a ballare tra i tavoli insieme a Mik e ad altri amici, mi piaceva guardarla mentre si divertiva, mi piaceva di tanto in tanto incrociare il suo sguardo.

Stavo servendo due tavoli in mezzo al locale, quando sentii una mano sulla schiena e la sua bocca appoggiarsi al mio orecchio che mi sussurrò: «Seguimi». Mi prese per mano e mi portò in bagno.

Il bagno era pieno di ragazzi e ragazze che facevano la fila, chi si baciava, chi fumana, chi tirava. A risolvere il problema ci pensò Mik, fece uscire tutti dicendoci di sbrigarci. Nei limiti del possibile ci sbrigammo, fu semplicemente fantastico, fare l'amore con lei era speciale, unico, lei appoggiata alla parete del bagno con le gambe sollevate a mezz'aria dalle mie braccia, l'eccitazione era alle stelle, nonostante la musica la sentivano urlare di piacere anche nel locale, per limitarsi mi morse tra la spalla e il collo, mi morse talmente forte da farmi sanguinare, me ne accorsi solo dopo, non durante, ero troppo impegnato a pensare a lei.

Era tanta, era bellissima, mi piaceva.

Nei dodici minuti passati insieme in quel bagno mi fece dimenticare quanto di brutto avevo dovuto subire negli ultimi giorni.

Prima di uscire mi disse: «Quando chiudi, andiamo in hotel da me e passiamo tutta la giornata del primo gennaio a letto insieme» non le risposi nemmeno, le diedi un ultimo bacio prima di tornare al bancone.

Passammo il primo giorno dell'anno come voleva lei, a letto, dormivamo e facevamo l'amore, mangiavamo e facevamo l'amore, sembrava quasi che lo facessimo come se non ci fosse un domani, l'intesa era fantastica, di tempi morti ce n'erano veramente pochi; a tarda serata ordinammo la cena in camera e cenammo nudi, seduti al tavolo l'uno di fronte all'altra.

Riuscimmo a parlare seriamente anche se l'aspetto che avevamo non era dei più seri; lei era d'accordo con me, serviva far venire a galla la verità, per far questo dovevamo essere un passo avanti rispetto a Nigiel, e qui la cosa si complicava.

Fregarlo non sarebbe stato facile, ma Maryan aveva individuato il punto debole su cui dovevamo far leva, Nigiel era intelligente, scaltro, spietato, cattivo, competente e soprattutto figlio di puttana, ma soffriva di delirio di onnipotenza, era convinto che potesse fare tutto ciò che voleva, che tutto gli fosse concesso, viveva in uno stato di immunità permanente, che nessuno gli aveva concesso, se l'era data da solo, e standо a quanto Maryan raccontava, era stato proprio questo delirio di onnipotenza che aveva fatto cadere Nigiel e Belt anni prima.

Dovevamo stuzzicarlo dove la carne era tenera, dove poteva sentire più male; il punto individuato era il suo orgoglio, ora rimaneva da capire come provocarlo per far scattare la sua reazione.

L'importante era non aver fretta, dovevamo aspettate il momento giusto, altrimenti avremmo rischiato di essere scoperti, io avevo ben poco da perdere, ma Maryan no. Oltre a perdere il lavoro, dopo quello che aveva fatto a me, avevamo paura di quello che avrebbe potuto fare a lei, cosa si sarebbe inventato per distruggerla? Lui, come avevamo visto, non faceva prigionieri. La nostra tattica era di attendere un suo eventuale passo falso.

XVI

Il 2 gennaio, Nigiel girava nei corridoi con un sorriso a trentadue denti stampato in faccia, voleva farsi vedere da tutti i dipendenti, ai quali non era stato concesso nemmeno un giorno di ferie; avevano appena comprato una nuova società, c'era bisogno della collaborazione e dell'impegno di tutti, questa era la circolare che era stata trasmessa all'intero organico.

Il sig. Briaton era in vacanza a godersi con la famiglia l'acquisto finalmente perfezionato, mentre Nigiel marcava il territorio, facendo una pisciatina in ogni singolo ufficio; il padrone era lui, senza esserlo, e nel far questo era proprio bravo, il numero uno, poteva decidere le sorti di tutti senza assumersi le responsabilità delle conseguenze.

Maryan l'aveva descritto proprio bene quando l'aveva accomunato al cuculo, era proprio così: entrava in casa degli altri, si nutriva tramite loro facendosi corrispondere compensi importanti e poi buttava giù qualcuno dal nido, il povero McKinney era stato il primo.

L'indomani, Maryan trovò Nigiel e Belt ad aspettarla nel suo ufficio; lei giunse puntuale come sempre. Era però un po' sorpresa di vederli entrambi lì, anche se non più di tanto, dato che loro non avevamo molto da fare, se non andare a pavoneggiarsi nei vari uffici.

«Buon giorno, Maryan» disse Nigiel, mentre Belt si limitò a un semplice ciao.

«Buon giorno a entrambi».

«Hai qualcosa da dirci?».

«Io no, ma suppongo che voi sì...»

«Per caso stai frequentando Henry?».

«No».

«Allora questo biglietto come lo spieghi?»

Si riferivano al biglietto che le avevo lasciato la prima notte che eravamo stati insieme in hotel con scritto "Sei Unica".

«Adesso frugate anche nelle borse delle persone?!»

«Non rigirare il problema Maryan, nessuno ha frugato nella tua borsa, il biglietto l'ha trovato Belt, quando Henry ha dato di matto in riunione, la tua borsa è caduta a terra rovesciandosi, insieme alla maggior parte della roba che era sul tavolo, tutto questo per colpa di quel pazzo drogato».

«Henry è un ragazzino, si è infatuato di me, ma niente di più, siamo andati insieme a bere una birra un paio di volte, cosa c'è di male?»

«Niente Maryan, non c'è niente di male, sia ben chiaro che non voglio che nessuno di noi frequenti quel malato di mente di Henry».

«Ma perché, fuori dal lavoro non saremo ben liberi di fare quello che cazzo ci pare?»

«No, forse non hai capito, o con me o contro di me, sei vuoi frequentare Henry sei fuori dalla nostra squadra, e poi mi spieghi che cazzo ci trovi, potrebbe essere tuo figlio quel cerebroleso».

«Sei sempre delicato... grazie Nigiel, sei uno stronzo, ma farò come vuoi tu, non lo vedrò più Henry. Ah, a proposito Nigiel, mi sono sempre dimenticata di dirtelo, quando ero a Londra durante le feste di Natale, sono passata in ufficio a fare un saluto e gli auguri a Grace, e ho visto che era arrivato un pacco proveniente dall'Italia, Grace mi ha detto che il mittente era il Cavaliere De Marchi».

«Erano delle bottiglie di vino, dodici bottiglie per ringraziarci dell'ottimo lavoro fatto, le ho regalate a Grace, suo marito adora il vino italiano, sul bigliettino di auguri ho scritto che era un pensiero per lei fatto da noi tre, scusatemi ma avevo dimenticato di dirvelo».

Belt era un tipo che parlava poco, però fortunatamente disse più del necessario: «Hai fatto bene Nigiel, a me il vino non piace e credo nemmeno a Maryan». La sua frase valeva più di una confessione, era chiaro, i due erano d'accordo e il milione se lo erano spartito, non si sa se in parti uguali, ma se l'erano spartito i due figli di puttana.

«Hai fatto bene Nigiel, Grace se lo meritava proprio un pensiero da parte nostra, abbiamo finito o c'è altro?»

«No Maryan, non c'è altro, ma ricordati quello che ti ho detto».

«Anche tu Nigiel».

«Cosa?»

«Ricordati quello che non ti ho detto.»

Il gelo calò nella stanza, Nigiel perse il ghigno camuffato da sorriso che aveva stampato in faccia, per alcuni secondi non disse niente, stava rimuginando su quanto gli era stato detto, e per la prima volta da quando lo conosceva Maryan vide nel suo sguardo la paura.

Paura di essere stato scoperto, paura di essere sbugiardato davanti a tutti, non poteva far passare anche lei per drogata, per pazza o per corrotta.

«Buon lavoro, Maryan».

Uscirono entrambi dal suo ufficio e la lasciarono sola. Lei era soddisfatta, se l'era giocata alla grande, per la prima volta aveva trovato il coraggio di rispondere per le rime a Nigiel, l'aveva messo in difficoltà, non era preparato, e non aveva fatto in tempo a elaborare una spiegazione migliore del vino regalato al marito della povera Grace.

Nigiel e Belt andarono a rinchiudersi in sala riunioni, erano stati scoperti da Maryan, ma non riuscivano a capire come, il dubbio che li assaliva era se aveva tirato a indovinare, per vedere cosa sarebbe successo o se aveva guardato dentro la scatola: «Eppure era sigillata e non mostrava manomissioni!» esclamò Nigiel.

Lui la scatola non l'aveva nemmeno guardata, l'aveva aperta con la stessa voracità con cui un leone sbrana la sua preda, sapeva cosa c'era dentro e non vedeva l'ora di contarli, non aveva notato che Maryan aveva fasciato tutto con la pellicola per alimenti, non aveva notato che lo scotch era stato rimosso e poi applicato nuovamente. La fretta famelica di mettere le mani sul milione di euro aveva anestetizzato tutti i suoi sensi, solo la sua ingordigia era rimasta inalterata. Belt non voleva correre rischi, voleva evitare di andare nuovamente su tutti i giornali, lui aveva già dato, questa volta avrebbe rischiato di farsi la galera vera. Propose a Nigiel di coinvolgere Maryan, di spartire con lei un pezzo della torta. Nigiel, dal canto suo, cercava di capire se lei stava bleffando o se sapeva tutto, ciò che lo turbava di più era l'incertezza di cosa avrebbe fatto, e questo lo rendeva nervoso, non sapeva come controllarla, era la prima volta che non aveva il coltello dalla parte del manico.

Maryan, chiusa nel suo ufficio, era compiaciuta di se stessa, aveva assestato un bel colpo, ora doveva solo aspettare la loro mossa e agire di rimessa, rimanendo il più fredda e distaccata possibile, doveva fingere di essere tranquilla come se non fosse successo niente, questa era l'arma da usare, tutto ciò avrebbe destabilizzato e spaventato i due bastardi.

Maryan non vedeva l'ora di raccontarmi le novità del giorno, doveva però stare attenta, la possibilità di essere pedinata da qualche investigatore al soldo di Nigiel era concreta, ma lei era tutto tranne che stupida, perciò in qualche modo contattò Mik, che per lei avrebbe fatto di tutto, il quale passò a prenderla in hotel e la portò a casa dei miei. Quando mia madre la vide entrare, la sua ospitalità uscì di casa, andò in camera sua e non la rivedemmo più per l'intera serata. Maryan era superiore a tutto questo, non le importava di mia madre e della riluttanza che aveva nei suoi confronti, nessuna delle due era migliore dell'altra erano semplicemente diverse, incompatibili. Mio padre, invece, l'apprezzava molto, non le staccò mai gli occhi di dosso, lei meritava, tacco alto e gonna corta come sempre, lui fu gentile ci preparò del caffè e mise in tavola la torta cucinata da mia madre, poi la raggiunse in camera e ci lasciò da soli.

Mi raccontò tutto quanto, soprattutto si soffermò su come aveva messo in difficoltà Nigiel, era compiaciuta per come si era comportata, e del fatto che l'aveva visto annaspare, ovviamente sapeva di non aver vinto di certo la guerra, non aveva vinto nemmeno una battaglia, però aveva compreso che Nigiel non era invincibile come pensava, poteva essere battuto, giocando con le sue stesse regole, ovvero senza regole.

Mik era sempre della stessa idea, prenderlo a bastonate e lasciarlo a terra tramortito e agonizzante, poi andare al GB e bere un paio di birre alla sua salute, ma sia io che Maryan avevamo altri piani per lui, era più giusto dire che non avevamo un piano, ma escludevamo le bastonate di Mik come possibile vendetta.

Lei mi disse che dovevamo stare molto attenti d'ora in poi, perché sicuramente sarebbe stata seguita e fotografata, Nigiel aveva due possibilità: annientarla o arruolarla, io ero per la prima, mentre Maryan propendeva per la seconda, lei lo conosceva molto meglio di me, sapeva quanto godeva nel plagiare le persone per poi sedurle e, una volta conquistate, tradirle. Nigiel avrebbe fatto così anche con lei, questa volta però avrebbe trovato pane per i suoi denti, in Maryan era successo qualcosa, la scintilla l'aveva provocata il trattamento che mi era stato riservato. Per colpa di Nigiel era stata lasciata dal suo uomo, oltre a essere stata presa in giro e usata per anni, ora lui aveva annientato anche me, e questo lei non lo poteva permettere, aveva maturato questa decisione nei tre giorni che aveva passato con sua madre.

In effetti non è che la conoscessi da una vita, ci stavamo frequentando da tre mesi, ma la donna che era tornata da Londra era diversa, la Maryan versione suora laica stava sparendo a favore della donna decisa, risoluta e sexy che infiammava le mie notti.

Condividemmo tutti e tre l'idea di Maryan: dovevamo aspettare e lasciare la prima mossa a Nigiel, sicuramente l'inerzia di Maryan l'avrebbe innervosito, questa era la nostra unica possibilità; a mente fredda, Nigiel era più intelligente di noi, ma anche un genio, e un genio del male come era lui, se fatto arrabbiare, poteva commettere un errore, e noi puntavamo su questo, dovevamo provocarlo in modo tale da far scaturire in lui una reazione, dovevamo minacciare la sua leadership e il suo comando, in modo tale da obbligarlo a ostentare il suo potere e a mettere in atto la sua vendetta.

Per sputtanarlo agli occhi del sig. Briaton e per mandarlo in galera, avevamo bisogno di prove, dovevamo registrarlo e l'unica che poteva farlo era Maryan, lei non fece una grinza, non sembrava spaventata, anzi era decisa più che mai. Mik avrebbe provveduto, tramite amicizie particolari, a procurarsi le attrezzature più piccole ed economiche reperibili sul mercato.

Maryan se le sarebbe messe addosso, e tutte le sere avrebbe scaricato sul suo pc personale il contenuto delle registrazioni, l'unico che non doveva fare niente ero io, la cosa non mi piaceva, ma non avevo modo di sostituirmi a lei, dovevo stare a più di cinquecento metri di distanza dalla sede della Galaxya, per me era impossibile avvicinarmi a Nigiel. La mia vendetta era affidata al mio migliore amico, ma soprattutto alla donna che, da quando l'avevo conosciuta, non smetteva di sorprendermi, era tutto e il contrario di tutto.

La mia vendetta più passavano i giorni e più diventava la sua di vendetta, più passavano i giorni più mi rendevo conto che stavo sprecando tutto il mio tempo a pensare a Nigiel, non vivendo più la mia vita; lui non mi pensava, ma io pensavo continuamente a come fargliela pagare. Allo stesso tempo, mi stavo accorgendo che la stavo facendo pagare solo a me, consumavo tutte le mie energie psicofisiche ad architettare piani irrealizzabili. Di una cosa però dovevo essere grato a Nigiel, grazie a lui avevo compreso che fare il manager di una multinazionale non sarebbe stata la mia vita, l'avevo sempre desiderato, volevo farlo da numero uno e non come uno dei tanti, non volevo essere un dirigente che se al lavoro è presente o meno cambia poco e niente. Nigiel, a modo suo, era un numero uno, trovarne di persone come lui non era facile, io non ero così unico come era lui. Come me se ne trovavano tanti, ma soprattutto ero carente di quella percentuale di "figlio di puttana" che tutte le persone che vogliono arrivare all'apice devono avere. Non riuscivo a essere diverso da quello che ero, la mia teoria era riuscire senza tirare merda sopra gli altri, far strada nel lavoro e nella vita senza spingere sott'acqua la testa di nessuno, volevo arrivare grazie a me stesso e non perché tramavo contro qualcuno o lo sgambettavo in modo tale da essere favorito nel tagliare per primo il traguardo finale.

Se dovevo far questo per essere il vincitore, non ero diverso da chi barava, ero paragonabile a un atleta dopato, avrei vinto la gara, ma non l'avrei vinta io, l'avrebbe vinta l'inganno.

Chi sceglieva ciò, io non l'invidiavo, lo compativo, il motto che mi aveva accompagnato fino a quel momento "il fine giustifica sempre i mezzi" aveva perso appeal dentro di me, apparteneva al passato, quel motto Nigiel lo impersonava alla grande o meglio Nigiel era figlio di quel motto. Mi rendevo conto che quello che volevo non lo stavo facendo per me, non lo volevo io, lo facevo per dimostrare qualcosa agli altri, volevo riuscire per dimostrare di essere migliore, ma migliore di chi? E soprattutto perché?

Allo stesso tempo ero fiero, perché avevo capito tutto questo a venticinque anni, e in questo mi sentivo un numero uno, un precursore rispetto a molti cinquantenni che tentennano e non decidono della loro vita liberamente, perché hanno paura di essere giudicati, ah poveri stupidi.

La vita è una e una sola, cerca di viverla come vuoi tu, non come vogliono gli altri. Agli altri di te non gliene frega niente, bisogna imparare a volersi bene, dato che non abbiamo una seconda chance.

Grazie a quel pezzo di merda di Nigiel, avevo capito questo; è proprio strana la vita, dovevo ringraziare uno che aveva cercato di ammazzarmi, perché mi aveva reso libero. Quando pensavo alle mie ultime vicissitudini, mi tornava in mente la storiella dell'uccellino, della vacca e del lupo: "un uccellino è posato a terra, non riesce nemmeno a volare da quanto è infreddolito, una mucca si avvicina, si mette sopra di lui e lascia cadere una cacata immensa che lo ricopre completamente, pluf, una torta di merda che centra in pieno l'uccellino, la cacca era calda e l'uccellino si stava riscaldando, era tutto felice, ci stava benissimo, poco dopo però passa lì vicino un lupo, che lo vede e lo tira fuori dalla merda, lo pulisce bene bene e se lo mangia". La morale di questa storiella è semplice, quanto aderente alla vita quotidiana di ognuno di noi: non tutti quelli che ti tirano merda addosso lo fanno per farti del male, e non tutti quelli che ti tolgono dalla merda lo fanno per farti del bene.

Il mio lupo si chiamava Nigiel.

XVII

I giorni al pub passavano velocemente, rotolavano uno dietro l'altro come fossero stati spinti giù per un pendio. Continuavo a vedermi con Maryan, ma per far questo dovevamo escogitare sempre dei piani estremamente elaborati, vivevamo con l'incubo che fosse seguita, senza averne la certezza, ma non volevamo rischiare. Nigiel, nel frattempo, non si era comportato da bastardo con lei, le cose in azienda non andavano bene, ma con lei era come al solito, come era sempre stato negli ultimi anni. Il fatto che le cose non andassero bene, a quanto diceva Maryan, non lo turbava più di tanto, anzi lo vedeva spesso ridere con Belt e con la cricca dei neopromossi, che non perdevano occasione per riverirlo e leccargli il culo. La vecchia guardia era un po' più preoccupata, le proiezioni dei numeri forniti da Belt non si stavano verificando, chissà se qualcuno poteva aver pensato a me e all'allarme che avevo tentato di dare, ma non avevano il coraggio di dirlo, forse era solo una mia idea, una mia speranza, sicuramente nessuno si ricordava più di me, appartenevo già al passato.

Il sig. Briaton non si mostrava preoccupato, Nigiel lo aveva rassicurato, era tutto normale, dopo un'acquisizione c'è sempre un rimbalzo, prima si assorbe il colpo poi si riparte alla grande, è normale ripetevano nei corridoi per farsi sentire da tutti.

Non riuscivo a essere felice del fatto che si stesse verificando quanto avevo cercato, invano, di dire. Non potevo esserlo, perché quello che stava accadendo era in linea con quanto Nigiel desiderava, faceva parte del suo piano, ancora ci mancavano dei tasselli per capirlo completamente, ma era evidente che tutto stava andando come voleva lui.

Giovedì 20 gennaio sarebbe stato un giorno che non avrei mai dimenticato; stavo aprendo il pub, toccava a me, aprivamo sempre alle tre del pomeriggio, ma fino alle quattro non veniva mai nessuno, nemmeno in inverno; di solito il primo ad arrivare quando ero di turno era sempre Mik, mi dava una mano a tirare giù dai tavoli le sedie e gli sgabelli, parlavamo del più e del meno, la prima ora di lavoro era sempre di cazzeggio.

Mentre ero nello stanzino dove tenevamo i fusti della birra, che stavo sostituendo perché come sempre erano tutti vuoti e volevo avvantaggiarmi per la serata, sentii la porta del GB aprirsi, ero sicuro fosse Mik: «Mik, sono qui vieni a darmi una mano, questi maledetti fusti sono pesantissimi» ma non mi rispose, di solito lui era sempre molto loquace e non se lo sarebbe fatto ripetere, anche perché ogni volta che mi aiutava a sostituirli, poi ci facevamo sempre un boccale di birra insieme e lui non ci avrebbe rinunciato per nessuna cosa al mondo.

Non vedendolo arrivare, pensai che fosse un cliente, quindi urlai: «Un minuto e arrivo, il tempo di agganciare l'ultimo maledetto fusto e arrivo!» Controllai di aver fatto tutto bene, chiusi la porta dello stanzino e andai al bancone: «Birra o whisky» la parola whisky, mi si strozzò in gola, davanti a me c'era Nigiel, ero come paralizzato, il cuore pensavo mi sarebbe uscito dal petto, sentivo i battiti che mi rimbombavano dentro le orecchie, pensavo di cadere tramortito a terra in preda a un infarto, invece, rimasi in piedi paralizzato senza dire niente. Lui aveva lo stesso istinto di un animale feroce, di un leone, di un lupo, sentiva che avevo paura, lo sentiva, lo vedeva e ne godeva.

«Che cazzo vuoi? Sei venuto a vedere dove mi hai ricacciato, lo conosci bene il posto, l'ultima volta eri ubriaco perso insieme a una puttana».

«Vedo che non hai imparato niente».

«Se ti riferisci al drogarmi no, non ho imparato, brutto figlio di puttana!»

«Pensavi di mettermelo nel culo senza che facessi niente, io non sono Maryan, l'avrai capito...»

Non raccolsi la provocazione, Maryan doveva rimanerne fuori, o almeno questa era la mia intenzione, anche se non la sua.

«Da quanto tempo è che te la scopi?»

«Cosa sei venuto a fare?»

«Volevo guardare dritto negli occhi uno stupido che pensava di essere più sveglio di me».

«Meglio morire che essere come te».

«C'è mancato poco, sarebbe bastato che ti avessi messo più mescalina nell'acqua e forse non saresti più qui, o magari ci saresti stato, ma con la bava che ti colava dalla bocca».

«Pezzo di merda...»

«Senti bamboccio, non so cosa stai combinando con Maryan, mi fa schifo solo il pensarlo, più o meno ha l'età di tua madre… o sbaglio?»

«Non ho niente a che fare con lei, non voglio avere niente a che fare con nessuno di voi, per me siete tutti uguali, un'associazione a delinquere».

«Be' strano, perché sembra che sia tutte le sere qui».

«Di sicuro non viene per me».

Non sapevo se stesse bleffando oppure se l'avesse fatta seguire, io dovevo tenere il punto e negare fino alla morte, dopo tutto, lei veniva al pub e, a eccezione della sera di capodanno, ci salutavamo e basta, dentro al locale non ci abbandonavamo mai ad atteggiamenti che facessero capire che tra noi due c'era qualcosa.

Arrivò Mik urlandomi: «Ciao Henry, scusami per il ritardo, ma non mi sono svegliato, fammi una birra per favore».

«Mik, questo tizio si chiama Nigiel, dice che mi scopo Maryan». Quando Mik sentì pronunciare il nome di Nigiel, reagì come un toro quando vede il colore rosso, noi irlandesi siamo gente tosta e rissosa, io non avevo mai fatto a pugni, ma Mik sì e, nonostante il suo animo di artista, quando c'era da fare una scazzottata non si tirava mai indietro, lui era un irlandese purosangue, diede un destro e un sinistro a Nigiel, centrandolo in pieno volto e nonostante la sua stazza imponente, sarà stato alto un metro e ottantacinque per novanta chili, cadde a terra tramortito.

Feci, con tutta calma, il giro del bancone, presi il boccale di birra che avevo preparato per Mik, e glielo versai tutto in faccia, lui si alzò lentamente da terra, mi guardava e non capiva… non era abituato a simili atteggiamenti, tipici di ambienti a lui poco consoni. Godevo da morire nel vederlo sanguinare dalla bocca, era una piccola vendetta, meglio che niente.

«Ti presento Mik, il fidanzato di Maryan».

Nigiel si alzò senza dire niente, frastornato e impaurito, Mik voleva continuare il lavoro che aveva iniziato e tanto desiderato, non aveva una spranga a portata di mano, però aveva imbracciato una sedia con intenzioni poco carine nei sui confronti, riuscii a stento a trattenerlo, quanto bastava però per permettergli di imboccare la porta e andar via senza subire altri colpi.

Preparai due bei boccali di birra, uno per me e uno per Mik, il brindisi era scontato: «Alla faccia del pezzo di merda!»

La cosa mi aveva turbato, e allo stesso tempo gratificato: se Nigiel si era preso la briga di venirmi a cercare nel locale dove lavoravo, voleva dire che c'era qualcosa che lo preoccupava.

Vedere Nigiel in ansia, anche se non sapevo per cosa, mi rendeva felice.

Non potevo avvertire Maryan di quanto accaduto, avevamo tutti e due il cellulare, ma non ci piaceva usarlo, e soprattutto non l'usavamo per dirci le nostre cose, il suo addirittura era aziendale, sicuramente Nigiel controllava tutte le sue chiamate in entrata e in uscita, lui non si fidava mai di nessuno, figuriamoci poi di Maryan.

La passò a prendere Mik all'hotel e la portò al GB, per strada le raccontò quanto era avvenuto, lei disse che

Nigiel non si era presentato al lavoro quel pomeriggio e che aveva chiamato per avvertire che nemmeno il giorno dopo ci sarebbe andato, sicuramente non voleva farsi vedere in quello stato, Mik aveva fatto proprio un bel lavoretto, con soli due pugni l'aveva segnato in viso.

Maryan entrò al GB con un sorriso grandissimo, riuscivo a vederlo dalla mia postazione di lavoro, anche lei era contenta, teneva sottobraccio Mik e lo guardava come solo una donna sa fare, sembravano veramente due innamorati; Mik sembrava volare per la felicità, lui le voleva bene come amico, ma Maryan rimaneva sempre una gran bella donna, e non esiste uomo che non abbia piacere nel farsi abbracciare da una bella donna, amica o meno.

Arrivò al bancone, le avevo già preparato la sua birra, e mi disse: «Allora... non vi si può lasciare mai da soli, eh...?»

«Hai ragione, ma credimi, noi non ci siamo cercati niente».

«Sono sempre i guai che cercano te e mai tu loro, vero Henry?»

«Pensavo di avere un'amica, ma vedo che mi sbagliavo».

Stavamo giocando era il nostro modo di prenderci in giro.

«Un'amica... speravo in qualcosa in più...»

«Sei già fidanzata, vedi di comportarti seriamente, sai ho un po' di paura, il tuo uomo è un tipo che picchia duro, chiedilo a Nigiel, che sicuramente ne sa più di me».

Scoppiammo tutti e tre a ridere e bevemmo alla salute di chi ci voleva male, era un modo per prenderci gioco di chi fino a quel momento ce l'aveva fatta vedere brutta, magari la nostra era una vittoria di Pirro, anzi sicuramente lo era, però era la prima volta che avevamo avuto la meglio su Nigiel, pensammo, quindi, che chi si accontenta gode e ci bevemmo su.

Maryan ci disse che non si muoveva niente alla Galaxya, Belt stava tutto il giorno chiuso nel suo ufficio e Nigiel era quasi sempre insieme al sig. Briaton, i conti non stavano tornando, però nessuno se ne preoccupava, la coppia magica sminuiva sempre il problema con chiunque cercasse di fargli notare che c'erano delle differenze rilevanti tra quanto era stato previsto, e quanto si stava verificando.

A fine serata dissi a Maryan che stavo pensando di cambiare aria per qualche mese, volevo staccarmi da tutto e di conseguenza da tutti per un periodo abbastanza lungo, non avevo molti soldi a disposizione, ma per quello che avevo in mente sarebbero bastati. Non le dissi molto di più, anche perché la vidi sorpresa, ma soprattutto rabbuiata. La serata trascorse bene, anche se dopo la mia uscita, Maryan perse un po' di scioltezza, ma quando le spiegai il mio piano le piacque e capì immediatamente che poteva essere la mossa che avrebbe fatto cadere Nigiel nella trappola.

La mia partenza, e di conseguenza assenza, avrebbe tranquillizzato Nigiel sul rapporto tra Maryan e me, lei e Mik avrebbero continuato a frequentare assiduamente il GB, rafforzando l'idea che stavano insieme, e se qualcuno li avesse seguiti avrebbe fotografato solo loro due senza di me. Io sarei risultato in viaggio verso una meta "spirituale".

A Mik avrebbe fatto piacere stare con lei, che, invece di stare da sola in una stanza di albergo, avrebbe frequentato tutta gente che conosceva e con cui amava trascorrere una serata in compagnia senza grosse pretese, senza troppi pensieri. L'obbiettivo era convincere Nigiel che lei non aveva a che fare con me e che non aveva risentimento nei suoi confronti, per quello che mi aveva fatto. Poteva funzionare, eravamo tutti e tre decisi a provarci.

A fine serata, ci pensò Mik a riaccompagnarla in albergo, non potevamo rischiare niente, sicuramente davanti al suo hotel c'era una vedetta pronta a scattare foto a raffica, a questo punto speravamo proprio che ci fosse.

Rimasi nel locale a fare le pulizie, ci volevano più di due ore per rimettere tutto in ordine, non mi dispiaceva, ne approfittavo per pensare, mi prendevo quel momento tutto per me, e riuscivo a trovare le soluzioni ai miei problemi e ad avere delle idee, riuscivo a ottenere lo stesso risultato di quando ero sotto la doccia.

Le idee migliori e peggiori della mia vita le avevo prese mentre stavo facendo la doccia o mentre lucidavo il pavimento o il bancone del GB, e fu durante una di queste mie maratone notturne che mi venne in mente il Cammino di Santiago di Compostela, non per motivi religiosi, no assolutamente, sarebbe stato mentire a me stesso, l'avrei fatto per mettermi alla prova, volevo vedere se sarei stato bene da solo, volevo viaggiare zaino in spalla e nient'altro, nessun telefonino, zero confort, volevo estraniarmi dal resto del mondo, io, il mio zaino e la strada, niente di più. Se fossi riuscito a completare il cammino, avrei avuto la prova che non avevo bisogno di nessuno, terminarlo non sarebbe stato facile da un punto di vista fisico, dato che non ero un atleta, e soprattutto mentale, serviva abnegazione e volontà, queste due caratteristiche non mi mancavano, le avrei messe duramente alla prova, avrei capito di che pasta ero fatto.

Avevo affidato all'avventura che volevo intraprendere il compito di farmi riflettere su cosa volessi veramente fare da grande, quello a cui avevo assistito e che avevo subito non mi piaceva, il mondo che avevo sempre sognato, quello della finanza e dei top manager, era quanto di più lontano da me.

Volevo fare quest'esperienza, la volevo fare da solo, sapevo che mi avrebbe cambiato la vita, ero troppo schifato da tutte le cose che avevo visto, da quello che mi era capitato, volevo qualcosa di meglio, egoisticamente non stavo pensando a nessun altro che a me stesso, non pensavo ai miei genitori, a Maryan a Mik e alle altre poche persone che conoscevo, e che forse mi volevano bene, forse…

Mi ero studiato bene il percorso, avevo scelto il camino Francès rispetto a quello Aragonès, i due differivano per distanza, il primo era lungo settecentosettantacinque chilometri, mentre il secondo seicentotrenta chilometri, ero attratto dalla maggior distanza che equivaleva a più giorni da passare in solitaria.

Sarei partito da Saint-Jean-Pied-de-Port, versante francese dei Pirenei, avrei camminato per le regioni di Navarra, La Rioja, Castiglia e León e Galizia, e le città di Pamplona, Logroño, Burgos e León per poi raggiungere Santiago di Compostela, in Spagna. Ma non mi sarei fermato lì, volevo vedere l'Oceano Atlantico e l'avrei visto a Capo Finisterre, la zona si chiamava anche costa della morte, lì l'oceano era impetuoso e le coste erano caratterizzate dalle rocce di granito, in passato erano state palcoscenico di numerose tragedie. La costa della morte aveva un suo fascino, fino alla scoperta dell'America era stata considerata come l'ultima delle terre emerse a occidente, il mondo finiva lì, sarei andato da solo alla fine del mondo, non era vero, però mi piaceva pensarlo.

Questo era il mio obbiettivo e non riuscivo a togliermelo dalla testa, volevo spararmi un totale di ottocentosessantanove chilometri in solitaria, il tutto aumentato dalla difficoltà di farlo in pieno inverno, volevo incontrare sul percorso il minor numero possibile di pellegrini, e l'inverno mi garantiva ciò.

Nei quindici giorni che mi separavano dall'ipotetica data di partenza, dovevo acquistare tutto il necessario, iniziare a fare delle camminate di minimo quattro ore al giorno, dato che dovevo essere almeno un po' allenato. Il mio programma di viaggio prevedeva prestazioni da sei-otto ore ininterrotte, dato che, in media, si percorrono quattro chilometri all'ora, l'intento era di coprire una distanza che oscillava tra i ventiquattro e i trentadue chilometri al giorno. Volevo arrivare a destinazione al massimo in un mese e dieci giorni, non per motivi particolari, mi ero dato questo traguardo e volevo raggiungerlo.

Dovevo trovare il modo di dirlo ai miei, già immaginavo cosa avrebbero potuto pensare: "Deve ritrovare se stesso, si sta raccomandando a nostro Signore per uscire dal tunnel della droga, ha messo incinta la vecchia, l'hanno licenziato pure dal pub". Sicuramente non avrebbero creduto a quello che gli avrei detto, avrebbero continuato a pensare come vero ciò che avevano visto, o meglio che gli era stato fatto vedere, il tempo forse li avrebbe fatti ravvedere su di me, ma per il momento era impossibile convincerli che il loro unico figlio era una persona per bene. Questa era la cosa per cui odiavo di più Nigiel, mi aveva fatto passare per quello che non ero, di aver perso il lavoro non me ne fregava niente, di aver perso la credibilità mi fregava tutto.

XVIII

Maryan al lavoro non aveva avuto più problemi, ci fu uno scambio di battute tra lei e Nigiel su quanto accaduto al GB, ma niente di più, le disse: «Bel tipo il tuo pseudo-fidanzato, manesco e abbastanza rozzo».

Lei lo liquidò rispondendogli: «Non è nelle mie intenzioni sposarlo, per quello che deve fare con me va più che bene».

Lui fu sorpreso dalla risposta risoluta e al tempo stesso sfacciata di Maryan, rimase compiaciuto, però, perché si stava convincendo, piano piano, che lei non aveva niente a che fare con me; il timore che fossimo d'accordo per smascherarlo davanti al sig. Briaton, io per la *due diligence* taroccata e lei perché forse aveva visto ciò che non doveva vedere, si stava affievolendo. Per essere sicuro al cento per cento che Maryan non rappresentasse più un pericolo, doveva imbarcarla a bordo dell'imbroglio creato insieme a Belt.

Non sapeva come affrontare il discorso, lui era irruento con i suoi sottoposti, mentre sapeva lavorarsi bene le prede, con le persone importanti e soprattutto facoltose diventava un altro: affabile, simpatico e soprattutto carismatico. Non voleva perdere troppo tempo con lei, ma in qualche modo doveva armarsi di un po' di pazienza, anche se non era nelle sue corde.

“Il sorcio disse alla noce: dammi tempo che ti buco”, il detto siciliano doveva farlo suo, doveva comportarsi da sorcio esperto e paziente.

Nel frattempo, per reperire più informazioni possibili, aveva interrogato Grace, facendole il terzo grado su quanto avvenuto la mattina dell’arrivo del pacco, lei poverina si era allontanata e aveva lasciato, dopo tutto, lo studio nelle mani del responsabile legale della società, nelle mani di Maryan, pertanto non pensava di aver fatto nulla di male, non si era rivolta alla prima persona che passava per strada, l’insistenza di Nigiel però la faceva sentire in colpa, e Nigiel era un pezzo di merda allo stato puro, e quando voleva mortificare qualcuno ci riusciva benissimo. Grace si ricordò che al suo rientro in ufficio, Maryan era trafelata e anche un po’ imbarazzata, ma niente di più. Tutto ciò, per lei, significava poco più di niente, ma non per Nigiel, il quale era sicuro che Maryan avesse aperto la scatola, nonostante si sforzasse di convincersi del contrario per non darle una parte del bottino, sapeva che sarebbe dovuto scendere a patti con lei.

Si confrontò più volte con Belt, che anche in questa occasione non si distinse per essere un cuor di leone: «Diamole cinquantamila euro e chiudiamo la storia».

«Che cazzo dici Simon, se lei la scatola l’ha aperta e ha visto quanto c’era dentro, tu pensi di liquidarla con il cinque per cento?»

«Quanto dovremmo darle secondo te?»

«Almeno il doppio».

«Hai intenzione di coinvolgerla anche sul resto?»

«Se vogliamo farle sporcare le mani, deve sporcarsele bene, in modo tale da non avere ripensamenti».

«Così facendo, però, ci caliamo completamente le braghe».

Nigiel fece una pausa lunghissima, sembrava in un'altra dimensione, completamente assente, stava già pensando ad altro, evidentemente.

«Simon, le braghe le calerà prima lei».

«Che vuoi dire».

«Quel che ho detto, e presto lo vedrai».

Erano passati venticinque giorni dall'acquisizione della Mercury, tutti i numeri riportati sui resoconti settimanali erano di colore rosso, distanti anni luce dalla previsione messa a budget, Nigiel e Belt insistevano sul fatto che fosse tutto normale, la curva fisiologica negativa in un paio di mesi avrebbe iniziato a invertirsi. Il sig. Briaton, durante la solita riunione del lunedì, confermò la fiducia in Nigiel di fronte a tutti i collaboratori, anche se non evitò di dargli una stoccata: «Sarà fisiologico come dici tu Nigiel, ma tutto questo non è stato da voi previsto, la cosa un po' mi preoccupa».

La vecchia guardia provò quindici secondi di goduria, erano ormai cinque mesi che prendevano solo calci nei denti, molti di loro erano stati costretti a chiedere un demansionamento, pur di non perdere il lavoro, scavalcati e umiliati dalla promozione dei rispettivi sottoposti. Anche se solo per poco, assaporarono la goccia di sangue che il sig. Briaton fece uscire dal corpo di Nigiel, ma era una piccolissima puntura di spillo, ci voleva ben altro per scalfirlo. È vero, le parole possono far male più degli schiaffi, ma a uno come Nigiel non lo toccavano proprio, anche perché avrebbero dovuto tutti complimentarsi con lui: non aveva sbagliato, si stava realizzando quello che lui voleva, l'aveva pianificato fin dall'inizio, erano loro che non lo stavano capendo, eravamo noi i poveri stupidi che ignoravamo il piano machiavellico tendente al diabolico da lui ordito.

Maryan partecipava a queste riunioni in maniera asettica, lei era un avvocato, non si sentiva chiamata in causa, il contratto era stato scritto bene, se i numeri non tornavano non era un problema suo, anzi, in cuor suo era compiaciuta, perché io, da neolaureato e inesperto quale ero, avevo capito fin dall'inizio il gioco dei due balordi. Il timore di essere accomunata a Nigiel e Belt era molto, non poteva far nient'altro che aspettare, qualcosa da lì a poco doveva pur succedere. Lei era sulla sponda del fiume e aspettava, aspettava, aspettava.

Io, invece, ero super impegnato: tra gli allenamenti, sempre sotto la pioggia battente e il vento che mi levigava le ossa, lo studio del percorso e delle previsioni del tempo, avevo acquistato un equipaggiamento funzionale, ventisette chilogrammi, zaino compreso, che mi avrebbero fatto compagnia per tutto il viaggio. Avevo trovato anche il coraggio di dirlo ai miei, anche se, come al solito, le cose non erano andate come avevo pensato: mio padre smise di mangiare, perché eravamo a pranzo quando tirai fuori l'argomento, e mi fissò dicendomi: «Ho sempre pensato che non capivi un cazzo, mi sono sforzato di convincermi del contrario, ma ora ho le prove, tu sei scemo».

Non aggiunse altro, scrollò la testa un paio di volte e ricominciò a mangiare.

Mia madre, invece, mi sorprese; lei era una cattolica "estremista", pertanto vedeva questa mia scelta come un modo per espiare i miei peccati, la droga, la vecchia, il lavoro perso, mi abbracciò e mi disse che se avevo bisogno di qualche soldo, me li avrebbe dati lei senza farsi scoprire da mio padre.

Non ebbi la forza per contrastarla, e spiegarle quali erano i motivi che mi spingevano a intraprendere il cammino, non li avrebbe capiti, l'odio nei confronti di Maryan, se ciò fosse stato possibile, sarebbe aumentato, poi non volevo tornare sull'argomento droga, per loro avevo quel problema, i miei sforzi per convincerli non avrebbero sortito niente di che, avrei combattuto una battaglia persa già in partenza. L'abbracciai e le dissi: «Mamma, vedrai che quando tornerò sarò un uomo nuovo, un uomo normale» voleva sentirsi dire questo e questo le dissi, si commosse e mi strinse in un forte abbraccio. La cosa che mi faceva impazzire, ma ormai ci stavo facendo l'abitudine, era che nonostante io fossi stato sempre un bravo ragazzo, tranquillo, pulito, che non aveva mai dato problemi ai suoi genitori, ciò non contasse più niente. Tutto questo era stato spazzato via in un attimo. Quanto successo a causa della droga che mi aveva somministrato Nigiel, a mia insaputa, aveva annientato la mia credibilità, i miei genitori pensavano che fossi il diavolo in persona, e quest'idea che avevano di me sarebbe stata molto difficile da mutare, forse il tempo li avrebbe fatti ravvedere, ma su cosa? Tutto questo mi stava uccidendo.

Tra mille sotterfugi, e soprattutto con l'aiuto di Mik, riuscivo a vedermi con Maryan, andava sempre a prenderla lui in hotel, ci incontravamo nel parcheggio di qualche centro commerciale, non andavamo sempre nel solito, pensavamo di non essere più seguiti, però volevamo ugualmente essere prudenti. Mik prendeva la mia auto e io salivo sulla sua, cercavamo di mischiare le carte il più possibile, per non dare punti di riferimento a eventuali investigatori. Andavamo a cena in piccole bettole nei dintorni di Dublino, a volte la serata proseguiva in motel, altre vagavamo in auto senza meta, altre ancora parcheggiavo in spiazzi dove era possibile ammirare lo spettacolo dell'oceano che si infrangeva sulla scogliera. Parlavamo di noi, del mio viaggio, di Nigiel. Lei aveva notato che lui si stava ammorbidendo nei suoi confronti, o meglio le sembrava essere meno guardingo. Maryan si preoccupava per me, tutta quella distanza da percorrere al freddo, a piedi e soprattutto da solo, non la lasciavano tranquilla. Aveva voluto il mio programma di viaggio con tutte le tappe previste, sapeva che non mi sarei portato dietro il cellulare, non avevamo modo di sentirci, non poteva aggiornarmi sulle evoluzioni tra lei e Nigiel e sulle sorti della Galaxya, che da lì a poco, secondo le mie stime, avrebbe necessitato di un'importante iniezione di liquidità, per far fronte a costi, che volutamente non erano stati considerati, questo sempre per rendere più appetibile l'operazione dell'acquisto della Mercury agli occhi del sig. Briaton. L'acquisizione era stata costruita sull'inganno, su menzogne scritte e verbali, e se sputi per aria puoi stare tranquillo che sarà questione di pazientare solo qualche attimo, quando sentirai delle goccioline che ti bagnano la fronte, qualcuno potrebbe dirti che si tratta di rugiada, ma è più facile che sia lo sputo di prima.

Era solo questione di tempo e quei costi nascosti sotto il tappeto sarebbero emersi, immobilizzandola.

Il tutto poteva essere facilmente superato, bastava fossero piovuti dal cielo, non sputi, ma soldi, o che il sig. Briaton avesse messo molto del suo patrimonio, accumulato in tanti anni di lavoro, a disposizione della Galaxya e se, se, se… se tante altre cose. Di solito, quando piove merda, la gente si squaglia, cioè sparisce e non si fa più trovare, chissà cosa avrebbero fatto Nigiel e Belt, a breve l'avremmo di certo scoperto.

XIX

Meno di un giorno alla mia partenza; il mio zaino era ormai pronto, mio padre non mi parlava già da una settimana, mia madre invece mi stava preparando delle provviste, cose che potevo mangiare dopo averle scaldate con un minuscolo fornellino da campo che, dopo molte prove, avevo finalmente imparato ad accendere. Se avessi mangiato tutto quello che mia madre mi stava preparando, non sarei riuscito nemmeno a camminare, ma non volevo contrariarla, la lasciai fare senza dirle niente.

Maryan era andata al lavoro come faceva tutti i giorni, era sempre una delle prime ad arrivare, non aveva né da pulire casa, né da accudire un marito o dei figli, vivendo in albergo le sue uniche fatiche erano lavarsi e vestirsi.

Quando arrivò in sede, Nigiel e Belt erano già lì, stavano confabulando tra loro, non gli diede peso più di tanto, lo facevano tutti i giorni, lo facevano di continuo, pertanto non rappresentava una novità.

Il sig. Briaton era andato a controllare lo stabilimento italiano, il neo acquisto, voleva farsi vedere dai dipendenti e soprattutto voleva verificare con i suoi occhi la produzione, la fiducia in Nigiel non era più quella di una volta, i dati poco confortanti non lo lasciavano tranquillo, doveva capire di persona se quello che gli raccontavano erano solo fandonie, o se lui era il solito malfidato, dopo tutto Nigiel aveva fatto un buon lavoro fino a quel momento, ma era sempre meglio controllare. Il sig. Briaton lo stimava moltissimo, anzi l'idolatrava, ma alla fine dei conti si fidava solo di se stesso e della figlia, la famiglia meritava una fiducia incondizionata, tutto quello che era al di fuori di essa andava controllato puntualmente.

Nigiel chiamò Maryan nel suo ufficio, lei non lo fece attendere, bussò e subito entrò; vicino alla porta c'era Belt, in piedi sull'attenti come un militare di fronte al suo generale, mancava solo che sbattesse i tacchi e tenesse le braccia distese lunghi i fianchi con i palmi delle mani aperte, e la parata poteva iniziare. La fece accomodare nell'unica sedia posta davanti alla sua scrivania, le chiese se volesse un caffè o solo un po' d'acqua, Maryan rispose che stava bene così.

Era leggermente agitata, ma non più di tanto, non riusciva a immaginare cosa avessero in mente quei due, però era sicura di sé, sapeva di aver operato sempre nel giusto, era conscia che, se le cose si fossero messe male, avrebbe potuto sempre giocarsi la carta della "scatola". Il comportamento di Nigiel, collaborativo e distensivo dell'ultimo periodo, non faceva presagire niente di particolarmente preoccupante.

La fissò dritta negli occhi e le disse: «O con me o contro di me, da che parte stai?»

«Che domanda è Nigiel, lavoro per te e pertanto sono con te, lo devo essere per forza».

«Non fare l'ingenua Maryan, con me o contro di me...»

«Nigiel, se mi dici quello che vuoi, forse riesco a capire, così non so cosa intendi e a cosa ti stai riferendo».

«Lo so che hai guardato all'interno della scatola, sei con me o no?»

Pochi secondi di interminabile silenzio, solo i loro sguardi che cercavano di carpire qualcosa in più rispetto a quello che le parole avevano detto fino a quel momento.

Maryan fece la sua mossa: «Non ci avevo mai pensato».

«A cosa?»

«Al fatto che tu, un giorno, avresti potuto pormi questa domanda…»

«Se io e Belt ci possiamo fidare di te, ti faremo star bene e non avrai più bisogno di niente, il lavoro sarà una piacevole compagnia, un passatempo, non più una necessità».

«Ma che stai dicendo, un milione da dividere in tre, sistemati per il resto della vita, bah».

«Maryan, è solo l'inizio».

«Che vuol dire?»

«Per caso hai un registratore addosso?»

«Vaffanculo, Nigiel».

«Se ce l'hai, a fare in culo ci vai tu».

«Non ho niente, per quale motivo dovrei averlo?»

«Dimmelo tu?»

«Non ho niente da dirti, mi sto stufando, andate al diavolo!»

«Se non hai nulla, allora spogliati, dacci la prova che non hai niente addosso».

«Brutti schifosi, andate a fare in culo tutti e due».

Maryan stava per uscire dall'ufficio, voleva sbattere talmente forte la porta da far tremare i muri che la sostenevano, quando si rese conto che doveva giocarsela diversamente: se si fosse umiliata di fronte a quei due balordi, forse loro si sarebbero fidati di lei e avrebbero finalmente aperto il vaso di Pandora, mostrandole tutto quello che c'era dentro. Non era facile da mandare giù la cosa, anzi, non le piaceva per niente, ma voleva andare fino in fondo, l'avrebbero vista nuda, era sicura che non l'avrebbero mai toccata, su questo non aveva dubbi.

L'unica cosa che l'infastidiva era di mostrarsi a quei due balordi per quello che era, ovvero una bella donna, curata, con un abbigliamento estremamente femminile, sexy, sotto a quella tunica, sotto alla divisa da lavoro che si era assegnata per passare inosservata. La sua corazza stava per cadere a terra.

Lei voleva essere giudicata per le sue capacità, e non per cose non attinenti al lavoro, per anni aveva indossato un costume che l'aveva fatta passare inosservata agli occhi degli uomini, dei suoi superiori e questi l'avevano lasciata in pace, ignorata. Il suo costume l'aveva protetta, era riuscita a farla vivere in quegli anni senza ricevere stupide proposte di facili scorciatoie. Odiava le donne che si davano in pasto a squallidi dirigenti in cambio di un piccolo aumento di livello e di stipendio.

Prese un bel respiro, si voltò con una grinta che non sapeva nemmeno lei di avere e, con aria di sfida, fece tre passi verso la scrivania di Nigiel, iniziò a spogliarsi, prima le scarpe, poi la maglia che aveva sopra al vestito, poi fece cadere a terra il vestito, i due pezzi di merda non le staccavano gli occhi di dosso, erano alla ricerca della microspia, del famigerato registratore, ma non potevano non notare le calze autoreggenti e il perizoma a filo nero, erano un suo must.

Non li indossava per gli altri, li indossava per se stessa, così si sentiva donna, così si piaceva, era semplicemente un vezzo che amava regalarsi. Via anche il reggiseno, portava una quarta piena e il suo seno era bellissimo, si coprì alla meglio con un braccio, notò che Belt stava sbavando, mentre Nigiel sembrava osservasse un muro bianco e non una donna nuda, la sua espressione non era cambiata. Maryan decise di dare il colpo di grazia ai due guardoni, tolse il braccio che le copriva il seno, si avvicinò alla scrivania, si appoggiò a essa, si piegò in avanti e disse: «Non so cosa state cercando, se ancora non vi basta, potete controllare in maniera più approfondita».

«Basta così, grazie Maryan, disse Nigiel. Scusaci ma dovevamo essere sicuri che fossi dei nostri, non potevamo rischiare di...»

«Di cosa Nigiel, cosa mi dovete dire che non so?»

«Rivestiti, io e Belt usciamo e ti diamo un momento».

«Simon, pulisciti la bocca, hai un po' di bava all'angolo destro» disse Maryan.

Belt prese il fazzoletto dalla tasca e si tamponò la bocca, non aveva nessuna bava da asciugarsi, Maryan voleva soltanto dimostrare che non era una donnetta indifesa, non poteva di certo sfidare Nigiel, pertanto fece un po' la stronza con il più debole dei due.

Si rivestì con calma, in quegli attimi interminabili aveva pensato di essere stata umiliata, dopo, invece, si accorse che non era stato così, assolutamente no, era lei che aveva umiliato loro. Era come una leonessa che aveva teso un agguato alla sua preda, pur non avendola ancora catturata, e ne assaporava il piacere che avrebbe provato nel divorarla.

Maryan era pronta, si era rivestita, serena più che mai, li aspettava al varco, il rapporto di forza si era invertito: se avevano pensato di metterla in imbarazzo, si erano sbagliati, ci erano riusciti inizialmente, ma non conoscevano Maryan, non era la morta che vedevano tutto il giorno seduta alla scrivania, vestita da suora laica, apatica e secchiona, no, quella che vedevano era una maschera che indossava la mattina e che tutte le sera veniva riposta sulla sedia della sua camera di albergo, pronta per essere indossata di nuovo il giorno dopo. Ora sarebbero stati loro ad avere difficoltà a sostenere il suo sguardo, dopo tutto sapevano che quello che le avevano chiesto di fare era qualcosa di eccezionale, che viola l'etica e la dignità di ogni persona, donna o uomo che sia, a questo si aggiungeva il fatto che Maryan non era una semplice segretaria, ma un avvocato, per giunta un avvocato bravo e, *dulcis in fundo*, era una donna, e non esiste niente al mondo di più stronzo, di una donna che vuol fare la stronza. Ora la palla in mano, anzi le palle in mano di Nigiel e Belt ce le aveva lei.

Dopo poco rientrarono nell'ufficio, Belt non riusciva a sostenere lo sguardo sicuro di Maryan, Nigiel non aveva questo problema, lui si comportava sempre al solito modo, sicuro e sfacciato: «Bene Maryan, abbiamo appurato che non sei una spia, non stai facendo il doppio gioco, non avevo dubbi, e se li avevo ora li hai fugati».

"Brutto figlio di puttana" pensò Maryan, "per fortuna, che non avevi dubbi". «Mi dovete dire qualcosa o volevate solo assistere allo spettacolo?»

«Sapevo che avevi guardato dentro la scatola, vedendo da dove proveniva, penso che non ti ci sarà voluto molto a fare due più due».

«Non mi va di pensare, Nigiel, parla chiaro e dimmi quello che mi devi dire».

«Non ho fatto tutto questo casino per lasciare le cose a metà... stai calma, mettiti a sedere e ascolta bene. La *due diligence* fatta da Belt sulla Mercury è farlocca, volutamente farlocca, l'azienda di Milano è fortemente indebitata, la produzione non riesce a sostenere i costi, nel giro di un anno, al massimo due, le banche avrebbero smesso di sostenerla e il Cavaliere De Marchi, sarebbe dovuto ricorrere alla presentazione di un concordato in bianco, con l'obbiettivo di congelare il debito con i vari fornitori, dopo di che, se il concordato non fosse passato, non ci sarebbero state molte altre cose da fare, se non dichiarare fallimento».

«Bene, bravi, vi siete fatti dare un milione di euro per risolvere i problemi della Mercury e ora gli stessi problemi stanno piano piano affondando la Galaxya!»

«Stai buona e ascolta, la cosa è un po' più complessa. I costi della Galaxya devono essere fiaccati lentamente dall'acquisizione della Mercury».

«È quello che ho appena detto».

«Ti ho detto di ascoltare, fammi finire. Sì, più o meno, è quello che hai detto tu, ma fa tutto parte di un unico grande piano, tra otto, al massimo, dodici mesi, la Galaxya sarà in ginocchio e il sig. Briaton sarà costretto a farsi finanziare dalle banche che, puntualmente, risponderanno picche; come sai, gli istituti finanziari elargiscono denaro quando uno non ne ha bisogno, mentre quando ti serve non ti danno mai un cazzo. Dato che le banche non lo assisteranno, sarà costretto a trovarsi un socio, uno disposto a entrare in una società in dissesto finanziario, sarà a questo punto che farò riapparire magicamente il Cavaliere De Marchi, che si offrirà di entrare in società con il sig. Briaton, ma non diventerà un socio qualunque, certo che no, diventerà il socio di maggioranza, e la cosa fantastica e che pagherà l'acquisto della maggioranza delle quote, con i soldi pagati dal sig. Briaton per la Mercury».

Maryan rimase a bocca aperta, sbigottita, il diavolo l'aveva impressionata al punto tale da strozzarle il fiato in gola.

Nigiel continuò: «Se tutto andrà come previsto, per noi ci saranno cinque milioni di euro, oltre al milione che abbiamo già preso, due milioni e mezzo a Belt, due e mezzo a me e uno a te. Tu non hai fatto un cazzo, penso che puoi essere più che felice».

Maryan si fece vedere decisa e risoluta, li prese in contropiede rispondendo: «Ok, ci sto!» Non poteva fare nient'altro, se avesse tentennato, il suo spogliarello sarebbe stato vano e l'umiliazione subita sarebbe rimasta un brutto ricordo che l'avrebbe accompagnata per tutta la vita. Invece il gioco sembrava valere la candela.

Nigiel concluse quell'incontro dicendo: «Non fate niente di diverso da quello che avete fatto fino a oggi, non parliamo mai di questa cosa a meno che non sia io a entrare nell'argomento, siamo intesi?»

Sia Belt che Maryan fecero cenno con la testa, era tutto chiaro; Nigiel rimase nel suo ufficio, mentre gli altri due ritornarono nei rispettivi.

La giornata passò senza altri sussulti, a Maryan tornò in mente più di una volta la scena di lei nuda di fronte agli occhi sgranati di quei due, la cosa le faceva schifo, si vergognava, allo stesso tempo si sforzava di convincersi che aveva fatto bene a farlo, aveva ottenuto delle informazioni importantissime che non avrebbe avuto se non dimostrando che meritava la loro fiducia, se lo ripeteva in continuazione, non per questo si sentiva meno sporca, temeva il mio giudizio e la mia reazione, non aveva tempo per farmi rabbonire laddove mi fossi arrabbiato.

Come al solito, la passò a prendere Mik e poi ci scambiammo l'auto nel parcheggio dell'aeroporto. Maryan si era messa in gran tiro, e una volta salita in macchina mi disse: «Henry, non ho fame, ma ho una gran voglia di fare l'amore con te». Non me lo feci ripetere due volte, e come un proiettile andai dritto al solito motel. Entrati in camera, lei fece cadere a terra il vestito che indossava, non portava la biancheria intima, solo le calze autoreggenti e un tacco dodici, era come mamma l'aveva fatta e l'aveva fatta veramente bene.

Furono due ore impegnative e anche un ragazzotto esuberante come me ne uscì fortemente provato, lei voleva farmi partire con un bel ricordo di sé, e c'era riuscita benissimo.

Appoggiò la testa sul mio petto e fece un sospiro: «Henry, ti devo dire cosa è successo oggi con Nigiel e Belt».

Mi raccontò tutto, ed io non la interruppi mai; quando Maryan finì, la strinsi a me, e la ringraziai, non ero arrabbiato, ero solo colpito da quello che lei aveva fatto anche per me.

Dopo qualche minuto di silenzio esclamai: «Lo sapevo, ne ero sicuro, sono due balordi figli di puttana. Una piena confessione, peccato, però sarebbe la tua parola contro la loro, e visto quello che hanno fatto a me, ti consiglio di star zitta e non far niente, Nigiel riuscirebbe a farti passare per matta, per drogata e forse anche per una puttana!»

«Sì, andrebbe sicuramente così, Henry, se non fosse che ho registrato tutto, che ho scaricato la registrazione sul mio pc personale, che l'ho risentita e, fortunatamente, si sente ogni singola parola nitidamente e che, inoltre, per sicurezza, ho inviato l'audio al pc a casa di mia madre, lo uso solo io quando vado a trovarla, lei non lo sa nemmeno accendere».

«Ma come cazzo hai fatto… dove avevi messo l'apparecchio per registrare, non mi dire…»

«Non farti strane idee, l'avevo nascosto nello chignon, tra i capelli».

«Cazzo, sei un genio… spero di non litigare mai con te, sei veramente diabolica».

«Non sapevo dove nasconderlo, pensa… due giorni fa me l'ero dimenticato a casa».

«Posso solo immaginare la vergogna che avrai provato, ma ne valeva veramente la pena, almeno è quello che spero».

«Che vuoi dire?»

«Mi auguro che il sig. Briaton creda a quello che sentirà».

«Non ho intenzione di andare dal sig. Briaton, almeno per il momento».

«E cosa vuoi aspettare? Non mi dire che ci hai preso gusto a fare lo spogliarello?»

«Vaffanculo Henry, non ci ho preso gusto, non lo dire nemmeno per scherzo, non puoi lontanamente immaginare l'umiliazione che ho provato, voglio solo accumulare più registrazioni, più prove, li voglio vedere in galera!»

Non volevo offenderla, ero solo geloso, lei se ne era accorta e ne era compiaciuta.

La serata e parte della notte erano volate, dovevamo salutarci, per un bel po' non ci saremmo visti; scendemmo dalla macchina, Mik era già arrivato, ci lasciò ancora per qualche minuto da soli, ci abbracciammo forte, fortissimo, senza baciarci, Maryan era una dura, ma pianse come una bambina, io mi trattenni, ma il groppo che mi venne in gola impiegò tutto il tempo del viaggio di ritorno per sciogliersi. Era tardi, il giorno seguente sarebbe stato impegnativo per entrambi, ma la testa di notte è difficile da comandare; non chiudemmo occhio, il soffitto per noi non aveva più segreti, l'avevamo fissato per ore senza trovare risposte.

La vita è strana, quello che ti serve per viverla felicemente ce l'hai a portata di mano, ma non tendi il braccio per afferrarlo, siamo tutti degli stupidi, rimandiamo ogni cosa a un domani che forse non arriverà mai, quando capiamo il giochino è sempre troppo tardi.

XX

Presi l'aereo per Bordeaux vestito da esploratore e con lo zaino in spalla, trasmettevo un'immagine di uomo vissuto, di un giramondo, ero tutt'altro, ma per fortuna lo sapevo solo io. Arrivato in Francia la prima cosa che notai fu la pioggia, praticamente non era cambiato niente visto che pioveva sempre anche in Irlanda; mi dissi "viaggio bagnato, viaggio fortunato". Presi l'autobus al volo, e poi un paio di treni, in tarda serata arrivai a Saint-Jean-Pied-de-Port, mi diressi al centro per i pellegrini, ero informato su tutto, ma avere qualche dritta in più non mi avrebbe di certo fatto male. Furono gentili quanto bastava, mi diedero dei suggerimenti soprattutto per la prima tappa, erano ventisette chilometri di percorso non facile, l'insidia maggiore era rappresentata dal meteo, dovevo valicare i Pirenei e farlo nei primi giorni di febbraio ne aumentava il coefficiente di difficoltà, ma lo sapevo, anzi, era stata una scelta razionalmente pensata e voluta. L'eccitazione prese il sopravvento sulla ragione, avevo messo piede in Francia e il giorno dopo sarei arrivato in Spagna, due giorni due nazioni. Passai un'altra notte insonne, l'adrenalina mi tenne sveglio, se avessi potuto sarei partito di notte, ma non volevo essere fanatico, non volevo strafare, dentro di me, nei miei pensieri, lo stavo già facendo, dovevo dominare la mia voglia di avventura e di solitudine.

Alle sei del 2 febbraio, mi misi in marcia, pioveva e tirava un gran vento, niente di nuovo, dopo cinque chilometri ero già stanco, l'entusiasmo della notte era sparito, nei tre chilometri successivi maledissi me stesso, ogni passo corrispondeva a una maledizione, borbottavo come una vecchia suocera, chiunque mi avesse avvistato, sarebbe rimasto a debita distanza, potevo essere tranquillamente scambiato per uno psicopatico. Fortunatamente non corsi questo pericolo, non incontrai nessuno, e dopo diciannove chilometri mi lasciai cadere a terra, stremato, caddi all'indietro sul bordo della strada, sembravo una coccinella gigante che si era ribaltata sul dorso. È proprio vero che niente succede per caso, in quella posizione riuscii ad ammirare un'aquila, che altrimenti non avrei mai visto, bellissima, gigante, volteggiava a circa trenta metri sopra di me, allargai le braccia e per una frazione di secondo, quando mi passò sopra, la sua apertura alare e le mie braccia aperte combaciarono.

Stavo per commettere l'ennesimo errore e grazie all'aquila l'avevo capito: dopo aver percorso diciannove chilometri me ne rimanevano altri ottocentocinquanta per mettere in pratica ciò che mi aveva insegnato quel magnifico rapace.

Dovevo godermi il viaggio, senza farmi ingoiare dalla mia stessa voracità di raggiungere la meta.

Mi rialzai con uno spirito diverso, illuminato su come mi sarei dovuto comportare da lì in avanti, come primo giorno potevo essere più che contento, e ancora non era finito, mancavano otto chilometri per raggiungere Roncisvalle.

Arrivai all'ostello e vidi quattro uomini e una ragazza, non erano insieme, ognuno viaggiava per conto suo, con un gesto li salutai, come facevano gli indiani con i cowboy, mi limitai ad alzare la mano, ma senza dire "augh". Una volta individuato il mio posto, mi ci gettai, feci tutta una tirata, dormii fino al mattino, senza cenare, senza lavarmi e senza mai fare la pipì, ero praticamente morto.

Mi svegliai alle sei e mezza, feci una bella colazione, uova e pancetta, una veloce occhiata alla cartina e di nuovo in marcia. I cinque che avevo visto la sera prima erano davanti a me, camminavano in fila indiana, distanziati di qualche metro tra loro, rallentai il mio passo fino a quando non li vidi più, non volevo far parte di una cordata, volevo scalare in solitaria, il passo lento mi permetteva di spendere meno energie e di apprezzare con più attenzione il panorama che mi circondava; quest'ultimo era stupendo e, pur non avendo i colori della primavera, dato che era troppo presto e la natura stava ancora dormendo, sembrava che gli occhi non mi bastassero ad ammirare la bellezza di quei luoghi.

Mi ritrovai al centro di Bizkarreta senza nemmeno accorgermene, il paese era minuscolo, gli abitanti erano meno di cento, però era carino e ben tenuto, non capivo niente di cosa mi dicessero, parlavano basco, per me era ancora più incomprensibile dello spagnolo. Avevo percorso undici chilometri in uno stato di leggerezza che non avevo mai provato in vita mia. A dire il vero, a proposito di leggerezza, dovetti controllare se mi ero ricordato di prendere il mio zaino, non sentivo più il suo peso, fortunatamente lui era al suo posto sulle mie spalle, la leggerezza che provavo era mentale, ed era così permeante da anestetizzarmi fisicamente, non provavo fatica, bellissima sensazione. Dopo un veloce break, in cui approfittai per bere e mangiare qualcosa, mi rimisi in viaggio, direzione Zubiri, dieci chilometri da percorre in poco più di tre ore; mi passarono vicino dei pellegrini che facevano il cammino in bicicletta, non li salutai nemmeno, loro baravano, non erano degni del mio saluto, non alzai nemmeno la testa, continuai a camminare ammirando tutto quello da cui ero circondato. Arrivato all'ingresso del paese, vidi davanti a me un ponte bellissimo, gli archi in pietra che lo sorreggevano erano imponenti rispetto alla portata del fiume, sembrava di ammirare il castello e il ponte ritratti da Monet nella *Dolceacqua*, ne ero completamente rapito, fino a quando questa immagine romantica da sogno venne interrotta dalle urla di un tizio che non vedevo, ma sentivo benissimo, e che strepitava in inglese; non lo vedevo perché era seduto a metà ponte, appoggiato con la schiena alle pietre e, fino a quando non iniziai a percorrerlo, non riuscii a metterlo a fuoco.

Appena mi vide, stese una mano in cerca di aiuto, dal tono della voce e da come gesticolava era un frocio, un frocio inglese.

Gli chiesi, non perché mi interessasse, e a dire il vero non me ne fregava proprio niente, cosa aveva fatto, mi rispose che non riusciva più a camminare, era distrutto, il peso dello zaino lo stava uccidendo, anche se a me sembrava fosse vivissimo e, da come urlava, si intuiva che era molto lontano dalla morte. Gli diedi una mano ad alzarsi e per gli ultimi centocinquanta metri portai anche il suo di zaino, mi ringraziò a ogni metro con quella voce odiosa, gli urlai di stare zitto, ma fu come parlare a un muro. Ora la sensazione di leggerezza era scomparsa, avevo sulle spalle circa sessanta chili, questi ultimi metri mi stremarono più dei ventuno chilometri percorsi durante tutta la giornata, arrivai di fronte alla porta dell'ostello, appoggiai a terra lo zaino del frocio e gli dissi addio, lui continuò a ringraziarmi, voleva abbracciarmi ma non glielo permisi, mi feci assegnare un posto letto, gli voltai le spalle e me ne andai.

Mangiai poco e niente, prima di addormentarmi studiai la cartina e le varie tappe da raggiungere, mi dividevano da Pamplona ventuno chilometri, avrei incontrato prima Larrasoana, poi Trinidad de Arre e finalmente sarei arrivato in serata alla mia meta, e una volta lì mi sarei regalato una tipica cena spagnola.

Andai a letto sereno, dormii benissimo, senza pensare a niente. La mattina seguente mi svegliai alle sei, mi sentivo riposato, ma alzandomi dal letto vidi qualcosa che era appoggiata sul mio zaino, non capivo cos'era, mezzo addormentato mi avvicinai, un pezzo di carta strappato da una vecchia rivista, nel prenderlo feci cadere a terra la moneta che gli era stata messa sopra, all'inizio pensai per tenerlo fermo e invece no, non era così. Nel brandello di carta c'era scritto solo "grazie per avermi aiutato", la moneta caduta era in realtà una medaglia, la guardai bene, non l'avevo mai vista, su una delle facce c'era un grosso uno al centro, con intorno una frase scritta in inglese "To Thine Own Self Be True – Unity Service Recovery" - "Sii te stesso – Servizio unità di recupero", nell'altra faccia, invece, erano riportate delle frasi, il cui significato era penetrante, non le avevo mai viste, né sentite, sembravano formare una preghiera, ma differente da quelle che conoscevo io, sentivo che mi era entrata dentro. Di solito, le preghiere sono lontane da noi, invece questa la sentivo vicina, sembrava un consiglio per affrontare la vita con uno spirito diverso da come la viviamo, da come stavo vivendo la mia, recitava così: *God grant me the serenity to accept the things I cannot change; Courage to change the things I can; And wisdom to know the difference* – "Signore, dammi la serenità di accettare le cose che non posso cambiare; il coraggio di cambiare le cose che posso; la saggezza di conoscere la differenza".

Feci colazione senza pensarci più di tanto, ma una volta in cammino non facevo altro che guardarla e leggerla, le parole, poco più di due righe, sembravano essere la risposta a tutti i pensieri, ai dubbi che quotidianamente dobbiamo affrontare. Profonde e illuminanti, non di facile applicazione, bisognava lavorare sull'io, senza aspettare la risoluzione dei problemi da parte degli altri, contare solo su se stessi e sulla propria forza mentale.

Non avevo dubbi in merito a chi avesse messo sul mio zaino il foglio e la medaglia, poteva essere stato solo il finocchio, avevo aiutato solo lui e nessun altro. Feci un giro intorno all'ostello, non lo trovai, non ci persi più di tanto tempo, dopo tutto eravamo pari, io l'avevo aiutato e lui mi aveva ringraziato, pari, punto e basta. Non volevo fare amicizia, non avevo bisogno di piattole appiccicose. Ripresi la mia marcia con passo spedito, senza guardarmi indietro, cercando di non pensare a niente. Dopo qualche metro iniziò a piovere, dapprima una pioggerellina leggera, poi la consistenza aumentò, ma non mi fermai, era febbraio e non potevo mica pretendere che ci sarebbe stato il sole tutti i giorni, ero ben coperto, pronto a fronteggiare qualunque intemperia avessi incontrato. Dopo un po' la pioggia era diventata una compagna di viaggio, vicina e rumorosa, scandiva i miei passi, un milione di gocce lei e un passo io, mi dicevo che avrei vinto io, perché prima o poi lei avrebbe smesso di venir giù, mentre io avrei continuato a camminare con il mio passo cadenzato. Dopo due ore, la mia compagna non si era ancora stancata, veniva giù di un bene, aveva raccolto la sfida, non voleva perdere, la presi come tale e non mi fermai, anzi, iniziai a ridere, tanto se mi fossi arrabbiato non sarebbe cambiato niente, stavo mettendo in pratica la prima lezione della medaglia "Signore dammi la forza di accettare le cose che non posso cambiare", di certo non potevo far smettere di piovere, allora tanto valeva prendersela a ridere, aspettando che il maltempo passasse. Mi pareva di essere a scuola, una scuola di vita, stavo imparando la saggezza, la stavo imparando a venticinque anni, e per quel giorno la mia insegnante sarebbe stata la pioggia. Mi veniva da sorridere, pensavo a Mik e alla sua reazione al sentirmi ragionare così: "Henry, sei sicuro che quella che sta cadendo sia acqua e non birra?" avrebbe detto di sicuro così. Allo stesso tempo era difficile darmi torto, passiamo la maggior parte della vita a preoccuparci di cose che poi non succedono o di altre che non possiamo influenzare o cambiare, come la pioggia; posso disperarmi o diventare verde dalla rabbia, ma fino a quando il cielo non vorrà smettere, non smetterà.

A tutto c'è una fine, anche all'idillio e alla contemplazione, e di sicuro io non ne ero immune. All'improvviso, in lontananza, sentii di nuovo le grida di un uomo, si lamentava, avevo paura di scoprire chi era, anche se sapevo di chi si trattava, avevo riconosciuto la voce; continuai a camminare fino a che non lo scorsi seduto, appoggiato a un albero. Gli chiesi cosa avesse fatto, lui mi fece vedere entrambi i piedi, sanguinavano, le vesciche causate dallo slittamento del calzino erano scoppiate. Le ferite erano superficiali, ma si vedeva la carne viva, gli facevano male, in quelle condizioni non avrebbe potuto camminare.

Non avevo voglia di aiutarlo, non ce l'avevo per niente, lui era quanto di più lontano da me, allo stesso tempo non riuscivo a lasciarlo lì, scalzo, sotto la pioggia battente.

Più o meno mancava un chilometro a Trinidad de Arre, lasciai il mio zaino accanto al suo, lo feci salire sulle mie spalle e mi incamminai. A ogni passo, tra me e me, mi dicevo che ero uno stronzo, ma chi da gallina nasce per terra ruspa, i miei mi avevano dato dei valori, non so se giusti o sbagliati, erano i loro e loro non mi avrebbero mai perdonato se non avessi aiutato una persona in difficoltà.

A me i froci non stavano simpatici, non li odiavo e più giusto dire che non li consideravo, ma se l'avessi lasciato sotto quell'albero non me lo sarei mai perdonato. Lui provò più volte a parlarmi, io gli risposi sempre male, non perché lo volessi, non avevo il fiato per rispondergli e conversare con lui, e poi ero preoccupato, avrei percorso tre chilometri in più rispetto alla tabella di marcia, con una zavorra mica da ridere, inoltre, sarei dovuto tornare indietro a prendere gli zaini di entrambi e poi ritornare in paese.

Mi tornavano in mente le parole di mio nonno, quando c'era da lavorare duro amava dire che: "Se le mani avessero paura come gli occhi, non si combinerebbe mai niente". Gran signore mio nonno, l'eleganza, la saggezza, l'educazione e il buon senso che aveva lui, io non l'avrei mai avuto, nemmeno se avessi avuto la possibilità di morire e rinascere tre volte. Pace all'anima sua, gli volevo bene, gli voglio bene.

Lo portai fino alla basilica, alla fine del ponte che conduceva in paese, c'era una casa con un arco che anticipava il porticato, lo misi al riparo dalla pioggia, ero stremato, però non volevo fermarmi, mi riposai per un paio di minuti e poi andai a riprendere gli zaini. Non so perché, ma quando si fa qualcosa controvoglia, ci tornano in mente sempre dei detti, degli aforismi, dei ricordi, che confermano che si sta sbagliando a farla, e anche questa circostanza non fece eccezione. Stavo caricando i due zaini e una volta ben saldi sulle mie spalle ripensai alle parole di un vecchio giudice, non mi ricordo di quale paese, che usava dire "A me non mi vuole male nessuno, perché in vita mia non ho fatto mai del bene a nessuno". Cazzo se aveva ragione il giudice, per far del bene al sig. Briaton ero stato licenziato, drogato e ricoverato, se mi fossi fatto gli affari miei a quest'ora sarei stato direttore generale di un'azienda farmaceutica... bah. Lo dicevo per compatirmi, ma in verità non avevo rimorsi, nemmeno uno, anzi ero fiero del mio comportamento, questo però non faceva di certo pesare meno quegli stramaledetti zaini. Arrivai di nuovo da lui, ero tramortito dalla fatica, mi buttai mezzo morto a terra, lui provò a parlarmi, gli feci cenno con la mano di tacere, e lui lo fece.

Rimasi disteso per circa mezz'ora, poi mi tirai su e lo guardai in faccia, aveva proprio un aspetto da checca, era impaurito, infreddolito, mi fissava senza dire niente, aspettava che io rompessi il silenzio: «Come ti chiami?»

«Peter, Peter Moore».

«Sei inglese?»

«Sì, di Liverpool...»

«Hai dei calzini asciutti?»

«Sì, nello zaino».

«Se vuoi camminare, bisogna asciugare le ferite, disinfettarle e incerottarle per bene, io ho i cerotti appositi per le vesciche e ho anche il disinfettante. Sei ferito solo sui talloni?»

«Per fortuna sì, solo sui talloni».

Quando stavo per prendergli il piede, si ritrasse dicendomi: «Faccio da solo».

«Fa' come vuoi, basta che ti muovi» gli risposi.

Fece tutto per bene, mise i calzini asciutti e provò a rinfilarsi le scarpe, frignò un po', ma non più di tanto, era il suo essere checca che lo faceva frignare, ma stava meglio, molto meglio.

«Posso venire con te?»

«Ascoltami bene, non voglio compagnia, voglio star solo, andiamo insieme fino a Pamplona, mancano solo quattro chilometri, poi ognuno per la sua strada, ci siamo capiti?»

«Grazie».

«Dai, mettiamoci in marcia, mi hai fatto perdere già abbastanza tempo».

Lo zaino gli pesava terribilmente, era più leggero del mio, ma essendo molto magro, tendente all'anoressico, faceva fatica a portarselo dietro.

«Dimmi, sei stato tu a lasciarmi là...»

«Volevo ringraziarti per il tuo aiuto».

«Quello che c'è scritto sopra è una preghiera?»

«Sì, è la preghiera della serenità».

«Ah... e il numero che significa?»

«Mi è stata data la scorsa settimana dal gruppo dove vado a fare terapia».

«Che terapia?»

«Gli alcolisti anonimi, è un anno che non bevo».

«Ci hai messo un anno per prenderla e tu l'hai data a me?!»

«È solo un simbolo che testimonia che non bevo da più di un anno, e a dire il vero credo che serva più a te, che a me».

Che cazzo voleva dire quel frocio ubriacone? Quando saremmo arrivati a Pamplona lo avrei mollato, e arrivederci e grazie.

Ogni tanto si lamentava, gli faceva male il piede, sentiva freddo, aveva fame, riusciva però a tenere un passo adeguato, non riusciva a camminare dritto, a dire il vero a volte sembrava un ubriaco, sbandava a destra e a sinistra, il peso dello zaino lo faceva andare storto. Non parlò molto, anzi non parlò per niente, a parte qualche lamento non disse nulla, solo quando giungemmo alle porte di Pamplona mi chiese: «Mi piacerebbe offrirti la cena, vorrei sdebitarmi dell'aiuto che mi hai dato».

«Non hai nessun debito con me».

«Allora vorrei offrirti semplicemente la cena».

«Non farti strane idee, io non sono come te, non mi avvicino nemmeno lontanamente a quello che sei tu...»

«Lo vedo... puoi stare tranquillo, non ti salterò addosso, volevo solo essere gentile».

A pensarci bene, una cena gratis non mi faceva poi così tanto schifo, avevo pochi soldi con me.

«Ok, accetto la cena». Accettai, ma glielo feci pesare, ero io che facevo un favore a lui e non lui a me, o tutt'al più eravamo pari, e che non si dicesse il contrario, pensavo tra me e me.

Arrivammo all'ostello, non vedevo l'ora di togliermi tutta quella roba fradicia di dosso, di farmi una doccia calda e di gustarmi la cena, ero a pezzi, distrutto, mi faceva male tutto, le gambe, la schiena, le braccia riuscivo a malapena ad alzarle, lo sforzo patito per il trasporto del frocio inglese e dei bagagli non era stato indifferente e aveva lasciato strascichi che si facevano sentire, e come se ci facevano sentire...

Andammo a cena in un ristorante normale, non il migliore ma neanche il peggiore, però andava più che bene; fino a quando non ci sedemmo non l'avevo notato, perché era buio, ma dopo, con il lampadario che penzolava proprio sopra il nostro tavolo, vidi che era truccato, aveva la pelle idratata e le guance rosse, si era fatto anche il contorno occhi, e se l'era fatto pure bene.

«Ma come ti sei conciato».

«Sto male?»

«A me non piaci, ma non ti vergogni ad andare in giro combinato così?»

«Henry, io ho finito di vergognarmi, sono così, mi piaccio così e voglio vivere la mia vita come piace a me».

«Muoviamoci, ordiniamo, prima facciamo e prima andiamo via da qui, ci stanno guardando tutti».

«Ti preoccupi di tutti, quando dovresti preoccuparti solo di te stesso».

Iniziammo a mangiare, il prosciutto era fantastico, la birra no, non era all'altezza, lui bevve solo acqua, mangiava poco, mi guardava, mi studiava, sembrava volesse leggermi dentro, mentre io cercavo di non incrociare mai il suo sguardo.

«Non stai mangiando praticamente niente, non hai problemi di linea vedo, puoi sbizzarrirti come vuoi».

«Non ho molta fame».

«Scusa se te lo chiedo, ma stai bene? Sei magrissimo...»

«Sono sieropositivo, Henry, lo sono da sei anni, spero mi scuserai se non sono al massimo della forma».

Fui sorpreso, ma non più di tanto, ero molto distaccato, la cosa non mi riguardava e di certo non volevo farmene carico, preoccupandomi per uno sconosciuto.

«È per questo che non volevi che ti toccassi le ferite ai piedi?»

Fece un cenno con la testa, annuì.

La cena, lentamente, stava migliorando dal punto di vista della conversazione, mi raccontò che aveva ventinove anni, era stato contagiato da un suo ex fidanzato, poi era stato buttato fuori di casa da suo padre, perché ledeva l'immagine della famiglia perbene, i suoi erano molto benestanti, ogni tanto sua madre gli faceva avere il denaro di cui aveva bisogno. Lui si era rifugiato nell'alcol, abbandonato da tutti, tranne che dalla bottiglia.

Ed io che mi lamentavo della mia di vita.

Arrivò la carne, era squisita, fantastica, la mangiò anche Peter, gli raccontai a grandi linee cosa mi era successo, non fece commenti, qualche smorfia con le sopracciglia perfettamente curate, ma niente di più.

Non era stupido, tutt'altro, sapeva cosa dire e come dirlo, si vedeva che veniva da una buona famiglia, era educato, colto e disinvolto, del fatto che la gente lo fissasse non gli interessava, li snobbava ignorandoli, era superiore rispetto a quei curiosi ignoranti. Lui era fiero di essere quello che era, non lo disse, ma si vedeva, si intuiva. Quando ci alzammo per uscire dal locale, tutti si girarono per osservarlo, era l'animale da guardare, ma lui portava la sua "frocità" con eleganza, era il suo vestito più bello, lui si voleva bene a differenza di me.

Lo ringraziai della cena, ci salutammo come non dovessimo più rivederci. Quella sera mi infilai nel letto pensando che avevo cenato con un tipo veramente tosto, la cosa mi mandava in bestia, un frocio era più quadrato di me, cazzo, mi sentivo una nullità, anzi meno, la nullità era lui, io ero meno di lui, mi confortai pensando, che zero meno zero fa sempre zero, ero contento di essere uno zero, bella consolazione del…

Non dormii per niente, dovevo controllare che lui non partisse prima di me, volevo viaggiare con lui, ma non volevo dirglielo, stupido orgoglio. Lo sentii ciondolare giù per le scale, io ero pronto, aprii la porta e me lo trovai di fronte: «Sei mattiniero, Henry, sono solo le cinque e mezza».

«Pensavo che quelli come te si alzassero più tardi, bene, così avrò modo di contraccambiare offrendoti la colazione».

«Ma è compresa con il pernottamento».

«Meglio».

La colazione era veramente misera, ma per me andava benissimo, avevo bisogno di una scusa per attaccare bottone con lui e l'avevo trovata.

«Facciamo la stessa strada, proseguiamo insieme».

«Pensavo di non esserti simpatico, comunque sì, molto volentieri».

«Non mi stai simpatico, ma dato che ci siamo svegliati alla stessa ora, abbiamo fatto colazione insieme, sarebbe stupido incamminarsi a dieci metri di distanza l'uno dall'altro».

«Hai ragione, Henry, ottima idea».

Stava ridendo sotto i baffi che non aveva, aveva capito tutto, ma faceva finta di niente; iniziammo a camminare come due perfetti sconosciuti, eravamo praticamente attaccati ma non dicevamo una parola. Dopo qualche chilometro, eravamo distanti qualche metro, battibeccavamo come marito e moglie.

Voleva sapere nei dettagli la mia storia con la Galaxya, e io gliela raccontai, non lo chiamavo per nome, era un modo per mantenere le distanze, allo stesso tempo gli stavo raccontando tutto di me, di Nigiel, di Mik e soprattutto di Maryan.

Non gli stava bene niente di come avevo gestito le cose al lavoro e con Maryan: «A venticinque anni sei stato quasi assunto, quasi nominato direttore generale, quasi innamorato, e quasi creduto, mi sembra che sei il ritratto della "quasità" più totale».

Lo mandai a quel paese, mi infastidiva, ma aveva detto una grande verità, riusciva a condensare e razionalizzare il tutto in poche parole, "quasità" non voleva dire niente eppure spiegava benissimo la mediocrità, fino ad allora, della mia vita. Nonostante camminasse tutto dinoccolato, nonostante il rossetto color arancio sulle labbra, e le continue lamentele tipiche delle persone come lui, mi piaceva averlo con me, era veloce di pensiero e fine nel farti notare i particolari. Forse era dovuto alla mia insicurezza, alla mia giovane età, ma notavo che le persone che incontravo erano tutte più in gamba di me, non è che mi ritenessi stupido, però erano diverse, le vedevo migliori, più risolute, più brillanti, più profonde, e ne ero fortemente attratto, Nigiel, Mik, Maryan e adesso lui, forse in me c'era qualcosa che non andava, ma cosa? La strada era ancora lunga e magari prima di terminarla l'avrei scoperto.

Mi dicevo così per farmi forza, il mio morale, anche se non lo davo a vedere, era sottoterra.

Arrivati al monumento ai pellegrini di Cizur Menor, dopo una salita infernale, gli passai la bottiglia d'acqua per bere, lui mi guardò e con un sorriso che rasentava la compassione: «Certo che sei veramente messo male, hai più paura della mia omosessualità che dell'aids».

Non gli risposi e lui infierì: «Ma dove hai vissuto finora, sei proprio un irlandese bifolco».

Stavo per tirargli un pugno, quando aggiunse: «Henry, smetti di vivere la tua vita in funzione degli altri, cerca di aprire la tua mente, pensa a te stesso, non devi compiacere nessuno, e non ragionare con la testa di tutti, se i tuoi amici odiano i froci, come ci chiami tu, se l'ambiente dove hai vissuto finora è ottuso e ignorante, non significa che devi esserlo anche tu».

Gli strappai la bottiglia dalla bocca, lui aveva bevuto a sufficienza e mi ci attaccai, feci una bevuta sontuosa, gettai la bottiglia nel cestino e mi rimisi in marcia, lui mi seguì a debita distanza, mi diede del tempo per stare da solo e sbollire, non più di cinquecento metri, pari a otto brevissimi minuti di beata solitudine.

XXI

Maryan alla Galaxya se la stava cavando più che bene, Belt e Nigiel l'avevano arruolata, gli offrivano il caffè alla macchinetta, la portavano a pranzo con loro, e qualche volta si abbandonavano anche a delle battute, sempre rispettose, tendenti però a creare confidenza e complicità, dopo tutto l'avevano vista praticamente nuda, o meglio l'avevano vista finalmente come una donna, e questo li aveva spiazzati.

Lei, da parte sua, stava al gioco, ci sapeva stare benissimo, cercava di non essere molto di più di quello che era stata negli ultimi anni, ma non mancava di ammiccare, sorridere e sbattere sapientemente le ciglia, aveva notato che Belt le guardava sempre le gambe e per farlo morire, la stronza, si tirava su il vestito senza farsi vedere e lo faceva andar fuori di testa mostrandogliele, non si vedeva niente di che, ma la fantasia di Belt, evidentemente, era fervida e galoppava, perché subito dopo diventava stupido, e un uomo quando diventa stupido davanti a una donna, pensa solo ed esclusivamente a una cosa, poi subito dopo inizia a fare lo spiritoso rendendosi ridicolo. Belt era nella media degli uomini stupidi, lei se ne era accorta e se ne approfittava.

Era stata invitata da Nigiel a far visita alla Mercury; non era mai successo prima: lavoravano insieme da quattro anni e tranne per la definizione dei contratti non era stata mai presa in considerazione per simili trasferte, sarebbero partiti lei, Nigiel e il sig. Briaton, quest'ultimo si sarebbe fermato solo un giorno mentre lei e Nigiel due.

Il primo giorno fecero il giro dell'azienda e parlarono con tutte le seconde linee rimaste su Milano che avevano rifiutato il trasferimento a Dublino, doveva confrontarsi con la sua collega, con la quale andava molto d'accordo, l'obbiettivo era di trovare una strategia legale per far fuori più dipendenti possibili. Anche se non ne andava fiera, licenziare persone non è mai una bella cosa, a meno che non si è dei sadici che godono nel far male agli altri, era però ligia al dovere e aveva un grande senso di responsabilità, pertanto, anche se a malincuore, si mise immediatamente al lavoro con la collega e iniziarono a fare i primi incontri: "Lei non è più nei piani dell'azienda, le proponiamo x euro, ma stia tranquilla, il licenziamento le darà diritto a due anni di disoccupazione" oppure: "La sua funzione è stata soppressa, la sua buonuscita è di x euro, il licenziamento le darà diritto a bla bla bla". Non serviva un principe del foro, tantomeno due principesse, per dire queste quattro parole, ma Nigiel era un sostenitore dell'armiamoci e partite, non gli piaceva per niente prendersi dei vaffa, si voleva troppo bene e non amava mischiarsi con la plebe, pertanto preferiva inviare al fronte gli altri per trucidare dei poveri indifesi.

Nigiel passò tutta la giornata con il sig. Briaton, il quale non era per niente contento di come stava andando il suo business, in fondo si trattava dei suoi affari e non di quelli di Nigiel. Era trascorso poco più di un mese dall'acquisizione e dalla cassa mancavano già quattro milioni e mezzo di euro, non li aveva di certo rubati nessuno, ma i costi superavano i ricavi proprio di quattro milioni e mezzo, e le stime, opportunamente riviste per febbraio e marzo, facevano presagire lo stesso risultato, anzi peggio, la forbice tra i costi e i ricavi sarebbe aumentata con il passare dei mesi. Il sig. Briaton disse chiaramente a Nigiel che di suo non ci avrebbe messo più di dieci milioni, per il resto doveva pensarci lui: «Tue le uova, tua la frittata».

La sua visione però era miope, stava delegando la risoluzione del problema a chi lo aveva creato, nelle aziende si fa giustamente così, ma non con chi il problema l'ha volutamente organizzato a regola d'arte, conscio della prepotenza con cui le difficoltà finanziarie avrebbero divorato la Galaxya.

Nigiel, con sicurezza sprezzante, rassicurò il sig. Briaton: «Entro quindici giorni sarò in grado di presentarti un piano che ci permetterà di lavorare tranquillamente nei prossimi mesi, il naturale contraccolpo derivante dell'acquisizione verrà così assorbito».

Il sig. Briaton rispose: «Naturale un cazzo, se fosse naturale tu e il tuo uomo l'avreste previsto e invece nelle vostre bellissime presentazioni non ne avete fatto il minimo accenno. I dieci milioni che mi hai fatto risparmiare anticipando l'acquisizione me li stai facendo spendere a distanza di un mese».

Nigiel questa volta non rispose, incassò il colpo, un colpo leggero perché faceva tutto parte del piano, mentre si fissavano negli occhi pensava: "Ancora non hai visto niente, vecchio irlandese di merda, ti pioveranno addosso talmente tanti problemi, che mi supplicherai di trovarti un socio, e da persona seria quale io sono, te lo troverò, e mi dovrai pure ringraziare, striscerai ai miei piedi e mi ringrazierai".

Il giorno dopo, come da programma, il sig. Briaton ripartì per Dublino. Nigiel fece la sua pisciatina marca territorio su ogni ufficio, fumava ovunque infischiandosene dei divieti, si atteggiava a padrone, e per certi versi lo era, passò da Maryan per invitarla a cena e poi per il resto della giornata sparì; l'appuntamento era alle venti e trenta nella hall dell'hotel, e fino a quell'ora non si fece più vedere.

Maryan pensò tutto il giorno a come vestirsi per la cena, non aveva portato con sé abiti eleganti, ma una bella gonna e tacchi alti sì, non era sicura di volersi far vedere in tiro da Nigiel, ma alla fine decise di vestirsi come piaceva a lei.

Si incontrarono come da accordi nella hall, Nigiel non le fece nessun complimento, lei era vestita bene: maglioncino con scollo panoramico senza reggiseno, gonna e tacchi alti, il tutto coperto da un bel cappotto.

In macchina parlarono più che altro della voglia di tornare a Londra, per entrambi Dublino era poco più di un paesino, mentre Londra era la vera metropoli, erano tutti e due un po' snob e un po' stronzi.

Una volta a cena, Nigiel iniziò a fare lo splendido, ordinò una bottiglia di vino da cinquecento euro, un rosso importante e corposo diceva lui, Maryan preferiva la birra, ma non disse niente e si fece servire il vino; appoggiò le sue labbra rosse sul rosso e disse: «Veramente corposo, intenso…» ammiccando a Nigiel. Lui, felice, ne versò un altro po' per sé e per lei, padrone della situazione: «Se non ti dispiace, ordino per tutti e due io, sono di casa qui». Maryan annuì sorridendo, aveva capito che da lì a poco avrebbe dovuto parare gli attacchi del balordo, lui la fissava, lei era un bel vedere, capelli lunghissimi, seno fantastico, il sedere veniva messo in risaltato dai tacchi altissimi. Fu lei a rompere il ghiaccio: «Il sig. Briaton l'ho visto molto arrabbiato».

«È tornato a casa con la coda tra le gambe, starà scodinzolando di fronte alla moglie, dicendole che non deve preoccuparsi, le cose si sistemeranno e che mi ha dato una bella strigliata. Nel giro di tre, al massimo sei mesi, non avrà più niente su cui piangere».

«Non capisco… tu e Belt avete detto che farete indebitare la Galaxya al punto tale che sarà necessario l'ingresso di un investitore, di un nuovo socio, che apporti capitale, così facendo però il sig. Briaton rimarrà sempre socio e la sua quota sarà rilevante immagino, o no?»

«No… non andrà così».

«Che vuoi dire?»

«La società verrà cotta a puntino, dopo di che, faremo apparire dal nulla il Cavaliere De Marchi, il quale tenderà una mano al sig. Briaton, la bontà d'animo del Cavaliere sarà dovuta all'affetto che lo lega alla sua vecchia azienda, e a tutti i dipendenti che hanno contribuito alla sua nascita e alla sua crescita esponenziale nel corso degli anni».

«Fino a qui tutto chiaro ma…»

«Non ho finito… il denaro del Cavaliere sarà insufficiente a soddisfare i vari creditori che verranno tutti in fila indiana a bussare alla porta del sig. Briaton, lui si impaurirà, non è abituato a fronteggiare flotte di creditori arrabbiati e decisi a tutelare i propri interessi nelle sedi legali, e sarà costretto a vendere un altro pezzo di società al Cavaliere, il quale acquisterà per sé o per altri».

«Chi sarebbero gli altri?»

«McGregor…»

«Chi?! L'acerrimo nemico del sig. Briaton? Lo stesso McGregor che avrebbe avuto un accordo con Henry?»

«Il povero Henry non sa nemmeno chi sia McGregor, ma io sì, fin dall'inizio. Abbiamo accalappiato il sig. Briaton tramite il mio amico Derek, il suo modo di fare da pretino ha fatto sì che si fidasse prima di lui e poi di me, il tutto mi è stato servito su un piatto d'argento, presentandomi come un luminare.

Io e Derek eravamo già in contatto con McGregor, e la valanga di denaro che arriverà nelle nostre tasche, a operazione conclusa, ha fatto da collante tra tutti noi».

«Sei sicuro che McGregor ti pagherà?»

«Mi pagherà anticipatamente rispetto alla firma della cessione delle quote dal notaio, non ci saranno problemi, entreranno nelle nostre casse cinque milioni tondi tondi, più uno che abbiamo già preso, un totale di sei milioni per un anno di lavoro, mica male».

«Sei milioni di euro…»

«Sì, sei milioni di euro, e uno sarà tuo, soltanto tuo».

Appoggiò la sua mano sul ginocchio di Maryan e iniziò lentamente a salire fino ad arrivare sotto la gonna, lei lo fermò solo dopo che la sua mano superò il ricamo delle calze autoreggenti: «Penso che possa bastare per stasera».

«Perché?»

Non aveva potuto nascondere il mini registratore nello chignon, dato che portava i capelli sciolti, le era venuto, quindi, in mente, di nasconderlo nell'elastico dell'autoreggente, così sarebbe stato fermo, fortunatamente la mano di Nigiel aveva scelto l'altra coscia.

«Aspettiamo, sono molto attratta da te, lo sono da sempre, ma sto con Mik, fammi chiudere con lui e poi mi sentirò libera di fare quello che desidero».

«Mi sarebbe piaciuto far cornuto quell'energumeno».

«A me no, io devo venire a letto con te perché fa piacere a me, non per far dispetto a qualcun altro, tantomeno a Mik».

«L'importante è che non sia una scusa per guadagnare tempo...»

«Ti desidero anch'io, Nigiel, ti ho sempre desiderato, anche se sei uno stronzo, ma lo sai, noi donne siamo così, più ci fate soffrire, più abbiamo voglia di voi...»

Nigiel era cotto a puntino, Maryan ora aveva ciò di cui aveva bisogno per far crollare Sansone e tutti i filistei.

XXII

Eravamo dalle parti di Estella, alle spalle avevamo messo già centoquindici chilometri; tranne il rallentamento dovuto all'infortunio ai piedi di Peter, non avevamo avuto altri intoppi, discutevamo su tutto, non era più il frocio, non era nemmeno più lui, era Peter e basta, stavo scoprendo piano piano una persona migliore di me, per consolarmi mi dicevo che "solo gli stupidi non cambiano idea", quando lo pensavo, mi immaginavo la persona che aveva detto questa frase per la prima volta, mi veniva in mente che, forse, l'aveva pronunciata solo per sentirsi meno stupida.

Mi sentivo stupido per tutto il tempo perso, il viaggio mi stava dando quello di cui avevo bisogno, mi aveva chiamato e per fortuna avevo risposto, e quello che stavo ricevendo era molto di più di quanto mai avrei sperato. Al di là del ponte di Zubiri, avevo trovato la mia libertà, l'incontro con Peter mi stava cambiando profondamente in meglio, stavo diventando ogni giorno di più un uomo. Un uomo con una base solida, poggiata sul rispetto e sulla libertà intellettuale.

Un neonato dovrebbe nascere munito già di zaino in modo tale da poter essere libero di camminare per la propria strada, per il mondo, facendo le proprie esperienze, tali da sviluppare il proprio carattere, le proprie idee, di inquadrare le cose per quello che sono. A tutti augurerei di incontrare una persona come Peter.

Tutti noi abbiamo dei retaggi, delle inevitabili influenze, a volte involontarie a volte meno, da parte della famiglia, dalle amicizie, degli insegnanti, veniamo su come dei polli da batteria, la maggior parte di noi si veste allo stesso modo, ci viene detto cosa mangiare, per chi tifare, per chi votare, cosa pensare degli omosessuali o delle persone di colore, chi odiare e chi amare.

Noi odiamo e amiamo perché ci viene detto dagli altri, siamo tutti stereotipati, alloggiamo mentalmente nelle celle di Excel, a ogni azione corrisponde una reazione convenzionale e prevedibile.

Dio non sai quanto pagherei per odiare qualcuno, perché lo voglio io.

Nonostante la flagellazione morale che mi stavo autoinfliggendo, mi sentivo di essere un previlegiato, in pochi mesi ero cresciuto, mi vedevo diverso, stavo diventando un uomo, nonostante quello che mi aveva fatto passare Nigiel, nonostante me.

Maryan, prima di andare dal sig. Briaton, fece passare qualche giorno; dopo il suo rientro a Dublino, cercò di capire se avesse inquadrato tutto nel modo giusto, temeva che le potesse sfuggire qualcosa, era uno scrupolo niente di più, sapeva però che non sarebbe stata una passeggiata di salute quello che si stava apprestando a fare.

Doveva trovare il modo di essere ricevuta dal sig. Briaton senza farsi notare da Nigiel e questo non sarebbe stato per niente facile, poiché, nel momento in cui avesse chiesto un incontro, Nigiel ne sarebbe stato messo immediatamente al corrente e avrebbe di certo capito. Di mezzo c'era molto denaro e i due farabutti sarebbero stati disposti a tutto pur di non perderlo, soprattutto Nigiel, lui non avrebbe mai permesso a Maryan di farla franca, non le avrebbe perdonato l'eventuale perdita di una somma così rilevante, non le avrebbe permesso di fregarlo, e non gli sarebbe andato giù che lei potesse essere più furba e spietata di lui.

Trascorsi nove giorni dal suo rientro dall'Italia, Maryan si decise; aspettò l'arrivo del sig. Briaton e, pochi metri prima che entrasse nel suo ufficio, prese un bel respiro e gli chiese se poteva riceverla. Lui la guardò, squadrandola dall'alto verso il basso, lei con il suo pc in mano stava lì impalata, in attesa di una risposta, temeva di essere vista, i secondi di attesa erano interminabili. Il sig. Briaton la fece accomodare e disse a una delle tre segretarie di avvertire Nigiel di raggiungerlo, ma Maryan si affrettò a dirgli che non c'era bisogno di avvertire il dott. Hopkins. Sul momento il sig. Briaton non capì perché non voleva che il suo capo fosse avvertito, ma poco dopo tutto gli fu chiaro. Maryan all'inizio era spaventata, temeva di non essere creduta, nonostante le registrazioni aveva paura, raccontò tutto per filo e per segno. Fece capire al sig. Briaton che il ragazzo, cioè io, fatto passare prima per pazzo e poi per drogato, non lo era affatto, né l'uno né l'altro, avevo semplicemente intuito prima di tutti quanti che i conti erano stati manipolati. Maryan continuò, svelando il piano ordito ai suoi danni da parte di Nigiel, gli fece sentire le registrazioni.

Di tempo ne stava passando, Maryan di cose da raccontare ne aveva, Nigiel, intanto, l'aveva cercata senza aver fortuna nel suo ufficio, allora era andato a salutare il sig. Briaton come faceva tutte le mattine, ma le tre segretarie lo avevano fermato dicendogli che era da più di un'ora con Maryan e non voleva essere disturbato, Nigiel non ci mise molto a capire cosa stava succedendo, mai come quella volta due più due faceva quattro. Salutò garbatamente le tre ragazze senza mostrare particolari emozioni, fece il solito sorriso di circostanza, girò i tacchi e sparì nel nulla. Non pensò nemmeno per un secondo di avvertire Belt, in meno di un attimo realizzò che sarebbe stato meglio per lui, dovevano catturare almeno uno dei due farabutti, questo avrebbe dato soddisfazione al sig. Briaton, mentre lui si sarebbe dileguato nel nulla per qualche tempo, ne sarebbe dovuta passare di acqua sotto i ponti, prima di farsi vedere di nuovo a Dublino, o meglio nell'intero Regno Unito.

XXIII

I giorni e i chilometri passavano, io e Peter sembravamo più marito e moglie e non due conosciutisi per caso, battibeccavamo su tutto, anche se i battibecchi erano simpatici, a volte sarcastici, quello più bastardo ero io, lo pungolavo sempre, lo facevo per stimolarlo, poi Peter si stancava più velocemente rispetto a me, era meno forte, mangiava poco e niente, la malattia era in stato avanzato.

Una sera, ci dovemmo accampare presso una stalla dismessa, non era poi tanto male, non eravamo riusciti ad arrivare a Belorado, ci dovemmo fermare quattro chilometri prima, lui non ce la faceva più, era esausto, i saliscendi della strada l'avevano stremato; lo spronai al massimo, ma quando mi supplicò di fermarci non glielo feci ripetere due volte. Accesi il fuoco, avevamo della carne secca con noi, i sacchi a pelo che erano caldi e un tetto sulla testa, non glielo feci pesare, anzi, lui si era scusato già mille volte e io lo avevo mandato a quel paese novecentonovantanove. Mentre mangiavamo, mi chiese come mai non gli facessi domande sulla sua famiglia, sulla malattia, sull'alcolismo. Io gli risposi: «In base a quello che ho potuto capire, da quel poco che mi hai raccontato, mi sembra che hai sofferto già abbastanza, vorrei farti pensare ad altro, voglio che tu ti goda il viaggio, come sto facendo io, siamo solo io e te, pensiamo a star bene» si avvicinò, mi abbracciò e mi disse che mi voleva bene.

«Se provi a baciarmi ti tiro una testata su quel brutto naso secco che ti ritrovi».

Stavo ovviamente scherzando e lui si mise a ridere a crepapelle.

«Una cosa te la voglio raccontare, Henry: a dodici anni avevo capito già da un po' che ero diverso rispetto ai miei compagni di scuola, mi piaceva vestirmi da donna, quando non c'era nessuno in casa provavo gli abiti di mia madre, impazzivo per le scarpe con il tacco, mettevo un po' di ombretto e il rossetto non doveva mai mancare, mi guardavo allo specchio e sognavo.

Il sogno svaniva presto però, mio padre mi picchiava, lo faceva spesso e mentre lo faceva piangeva, mi urlava: "Perché non guarisci, devi guarire, capito Peter", io lo osservavo piangere e piangevo anch'io ma dal dolore, non capivo da cosa dovevo guarire. Mia madre, poverina, cercava di fermarlo in tutti i modi, ma lui la chiudeva nella camera da letto e riapriva la porta solo dopo che aveva finito, solo dopo avermi picchiato abbondantemente. La cosa che mi umiliò più di tutte però non furono le botte, no, assolutamente no, a quello ormai c'ero abituato, avevo imparato anche a parare i colpi decentemente. Ma quanto successe la sera dell'ultimo dell'anno di diciassette anni fa, non ero in grado di pararlo, non ero allenato, non era mai accaduto prima di allora; mio padre invitò tre suoi colleghi, manager di livello come lo era lui, con le rispettive mogli e con i loro figli, mi chiese di aiutarlo a preparare la tavola, dopo di che mi disse di seguirlo nel seminterrato, dovevamo prendere le bottiglie di vino, avevamo una cantinetta ben fornita. Lo seguii senza indugiare, era mio padre; una volta dentro, lui prese tre bottiglie di rosso e una di bianco: "Peter, prendi lo champagne, prendine due bottiglie, è giù in fondo", presi le due bottiglie, ma prima di girarmi, sentii la porta richiudersi dietro di me, il chiavistello fece due giri completi, mi aveva chiuso dentro. Battevo i pugni sulla porta implorandolo di aprire, urlavo e piangevo, lo supplicavo. Piangeva anche lui, mi chiedeva di perdonarlo, mi implorava di perdonarlo, gridava come un pazzo, non voleva che i suoi stimati colleghi mi vedessero, mia madre non aveva sentito nulla di tutto ciò, la cantinetta era lontana dalla cucina ed era ben isolata, era stata realizzata a regola d'arte per mantenere in fresco i preziosi vini di mio padre, non si sentiva nulla.

Ci pensò lui ad avvertirla, le disse che mi aveva chiuso in cantina, che non voleva che la nostra casa sembrasse un circo, non voleva essere deriso il giorno dopo in ufficio, se non le fosse andato bene quello che aveva appena fatto, era libera di aprire la porta, ma il giorno dopo lui mi avrebbe fatto rinchiudere in un istituto di salute mentale. Lei poverina si gettò a terra sconfortata, piangendo e dimenandosi in preda a una crisi isterica, lui le diede due schiaffi ben assestati per farla rinsavire, la prese per i polsi e stringendoli forte le disse che se avesse rovinato la serata, se ne sarebbe pentita amaramente.

Mia madre sapeva che non mentiva, l'avrebbe fatto, l'avrebbe fatto di sicuro, lei così si ricompose, si ritoccò il trucco e si comportò da buona padrona di casa, agli ospiti dissero che avevo raggiunto i miei nonni, che tra l'altro erano tutti morti, nella casa di campagna.

Il giorno dopo, mia madre mi portò via da quella casa e da quell'uomo, lui si fece vivo di tanto in tanto con noi solo per darci soldi e regali, cercò di riconquistare mia madre varie volte, ma lei non ne aveva mai più voluto sapere.

Bella persona mio padre, si proprio bella, non l'ho mai perdonato, se lo avessi fatto non sarei mai riuscito a perdonare me stesso».

Non sapevo cosa dire, il racconto mi aveva devastato, io appartenevo alla stessa razza umana del padre, mi vergognavo di essere un uomo, in quel momento avrei voluto essere qualsiasi altra cosa, anche una merda, un escremento di animale lasciato per terra andava benissimo, l'importante era essere qualcos'altro.

L'abbracciai stretto a me, lui appoggiò la testa sul mio petto e io dissi nuovamente: «Se provi a baciarmi ti tiro una testata, su quel brutto naso secco che ti ritrovi» scoppiammo entrambi a ridere e continuammo ad abbracciarci. Dissi a Peter di non pensarci più, gli proposi di farci una birra di fronte al fuoco e lui accettò, dovevamo brindare, avevo due bottiglie di birra, me le ero portate per berle da solo davanti all'Oceano Atlantico, davanti a qualcosa di speciale, pensai che non ci sarebbe stata occasione più speciale di quella serata.

Erano trascorsi ventotto giorni dalla mia partenza, avevamo percorso cinquecentoventicinque chilometri, stavamo arrivando a Santa Catalina de Somoza, la prima cosa che vidi all'entrata del paese fu una chiesa sulla sinistra e il bar sulla destra, camminavamo da ore a circa mille metri di altitudine, la stanchezza si faceva sentire, e come se si faceva sentire. Peter si trascinava, sentivo sfregare la suola delle sue scarpe a ogni passo, franammo sulle sedie del bar, erano appoggiate con lo schienale al muro, mi ci tuffai, tanto non si sarebbero mosse, il muro di sicuro non si sarebbe spostato; Peter mi copiò, ma era talmente indebolito che il contraccolpo lo fece rimbalzare in avanti e conseguentemente cadere a terra, scoppiammo a ridere, eravamo esausti, eravamo due disperati che ridevano, non avevamo una preoccupazione, un pensiero, eravamo solo noi due. Le uniche cose da fare era farci compagnia, mangiare, bere e camminare, niente di più, eravamo i più ricchi del mondo, pur non avendo niente e questo ci faceva ridere, ridere di gusto.

«Vedo che ve la spassate» all'improvviso una voce di donna, una voce che conoscevo bene, era la voce di Maryan.

«E tu che ci fai qui?» non trovai niente di più intelligente da dirle.

«Sono venuta a riprenderti».

Non avevo notato che lì vicino era parcheggiato un grosso fuori strada con tanto di autista a bordo.

L'abbracciai fortissimo, puzzavo, ma me ne fregai alla grande, le diedi anche un bacio, lei non si sottrasse, il suo abbigliamento era appropriato, anfibi, pantaloni militari e una giacca invernale che nonostante fosse pesante, non riusciva a nascondere del tutto le sue forme.

Le presentai Peter e pranzammo insieme, ci raccontò tutto quello che era accaduto alla Galaxya, dell'arresto di Belt, di McGregor e del Cavaliere De Marchi a seguito della denuncia fatta dal sig. Briaton, ci disse che Nigiel si era dileguato, aveva fatto perdere ogni sua traccia, sparito completamente da tutti i radar, il mandato spiccato nei sui confronti era a livello internazionale, pertanto non avrebbe avuto vita facile. Doveva correre e mimetizzarsi molto bene, sicuramente sarebbe riuscito a farla franca, era troppo figlio di puttana per farsi beccare, i tipi come lui poi ci riescono sempre.

Lei aveva guadagnato la fiducia del sig. Briaton, il quale se l'era messa al suo fianco come persona di riferimento, dopo un periodo di apprendistato, sarebbe diventata l'amministratore delegato dell'azienda, e come già facente funzione era venuta, oltre che per raccontarmi quanto successo, a consegnarmi una lettera di scuse della Galaxya, firmata dal sig. Briaton e a farmi una proposta di lavoro, sarei diventato il nuovo responsabile della finanza e controllo dell'intero gruppo.

Non ci pensai nemmeno per un secondo, di getto le risposi: «Grazie, ma no, non accetto, ringrazia il sig. Briaton, ringrazio te Maryan, ma non metterò mai più piede in quel mondo, non è più il mio, non voglio assolutamente che sia più il mio».

«E allora cosa farai, non avrai mica intenzione di fare il pellegrino a vita?»

«E perché no? Vivere alla giornata, prendendo quello che viene, non è poi così male».

«Ma che cazzo dici, Henry?»

«Non lo so, non so cosa farò, ma è proprio questo il bello!»

«Henry, capisco che sei provato, che sei arrabbiato con il mondo intero, ma qualcosa la devi pur fare».

«Maryan, voglio vivere la mia vita, non voglio altro che essere libero, fino a oggi ho vissuto come volevano gli altri, d'ora in avanti vivrò come voglio io».

Maryan smise di insistere e di incalzarmi, aveva capito che doveva darmi del tempo, sperando che sarebbe servito a farmi cambiare idea, per il momento non poteva far altro che accettare la mia decisione.

Mangiammo tutti e tre insieme, Peter le fece mille complimenti, per i capelli, per come era truccata e per la giacca, lei ci entrò subito in confidenza, era una donna intelligente, e si comportava come tale.

A fine pranzo noi dovevamo rimetterci in marcia e lei doveva tornare a Madrid, quattrocento chilometri da percorrere velocemente per riprendere l'aereo che l'avrebbe riportata a Dublino; le chiesi di portare la lettera ai miei genitori, volevo sapessero che il loro figlio non era un matto e tantomeno un drogato, meritavo delle scuse e se le meritavano anche loro.

Io avevo la coscienza a posto, ma loro avevano sofferto e stavano ancora soffrendo molto per quanto era accaduto, speravo che il tempo sistemasse tutto o quasi.

Un ultimo bacio interminabile prima di dividerci nuovamente, noi a destra e lei a sinistra, la nuvola di polvere alzata dal suo fuoristrada l'aveva fatta sparire prima del tempo dalla portata dei miei occhi.

Dentro di me sapevo che non l'avrei più rivista, non so spiegare il perché ma ero sicuro che non l'avrei più rivista, la cosa non mi lasciava indifferente, tutt'altro. Non ero pentito per non aver accettato la sua proposta, ma ero pur sempre un essere umano, con tutte le contraddizioni e le debolezze che lo caratterizzano. Per farmi forza mi dicevo che avevo trovato il mio scopo nella vita, prima di adesso avevo fatto tutto in funzione degli altri: il rugby per mio padre, in modo tale da permettergli di avere qualcosa di cui parlare con i suoi amici, l'università per mia madre, dovevo dare lustro alla nostra famiglia conseguendo una laurea, il lavoro per la gente, per gli amici, per i vicini di casa, perché dovevo avere un'attività importante e ben remunerata, così da permettermi di darmi delle arie ed essere invidiato da tutti. Un'invidia tale da farmi camminare petto in fuori, in giro per il quartiere, tutto compiaciuto nel sentirmi dire: «Quello è il figlio di O'Neill, lui ce la fatta, hai visto che bella macchina, hai visto che bella casa che ha?»

Dovevo ringraziare quel figlio di puttana di Nigiel per avermi salvato dalla "quasità", sì dalla "quasità", non sapevo nemmeno io che cazzo volesse dire, avevo coniato, grazie a Peter, questo nuovo aggettivo, era soltanto mio e indicava una persona, cioè me, che era quasi più cose, senza essere a pieno nemmeno una, un incompiuto o un incompleto, come meglio desiderate voi.

Io ero la "quasità", fino a quando non avevo capito che il mio posto non era quello dove mi avevano messo, dove mi ero messo per accontentare gli altri; stavo scoprendo, passo dopo passo, che mi stavo completando, facevo quello che volevo fare ovvero scoprire il mondo, scoprire me stesso e lo stavo facendo in compagnia di un amico che non mi chiedeva niente, se non di essere accettato per quello che era, semplicemente un essere umano.

XXIV

Quando arrivammo a Santiago di Compostela, Peter fece gli ultimi duecento metri, scale comprese, in ginocchio, per spirito di emulazione lo feci anch'io, avevamo iniziato insieme e dovevamo concludere allo stesso modo. Una volta toccata la statua di Santiago, pregammo per non più di una quindicina di minuti, dopo di che ci mettemmo immediatamente alla ricerca di un hotel, non uno in particolare, il primo che capitava ci sarebbe andato più che bene, non vedevamo l'ora di farci una doccia e di goderci una bella cena, prima di ripartire l'indomani: Peter aveva deciso, già da alcuni giorni, di proseguire con me per Finisterre, eravamo entrambi due tipi da fine del mondo e lì volevamo andare.

Arrivati in hotel e chiesto se avevano la disponibilità di due camere, alla consegna dei documenti la signorina della reception mi disse che c'era una busta per me: «Credo ci sia un errore, nessuno sapeva che sarei arrivato oggi e soprattutto nessuno sapeva che avrei scelto questo hotel».

«Il suo documento di riconoscimento è falso?» mi chiese lei.

«No, assolutamente no».

«Allora sig. O'Neill, qualcuno sapeva che sarebbe giunto dritto dritto da noi, questa busta è arrivata cinque giorni fa».

Presi la busta in mano, avevo Peter praticamente arrampicato sul collo, mi pressava perché l'aprissi immediatamente, per non sentirlo più lo feci di fronte a lui, era talmente agitato, che me la strappò dalle mani, non feci resistenza, non avevo particolari segreti da nascondere. Tirò fuori una lettera, disse tutto trafelato: «È di Maryan!» Peter la stava leggendo per conto suo, faceva tutta una serie di smorfie strane con la bocca e poi una lacrima solcò il suo viso.

«Peter, è successo qualcosa a Maryan?»

«No, sta bene, non è successo niente».

«Mi dici che cavolo c'è scritto o hai intenzione di farmi morire senza saperlo?»

«Mio caro Henry, non pensare che sia una strega, non sapevo che avresti scelto questo hotel, per far sì che questa lettera ti arrivasse ne ho fatta consegnare una in tutti gli hotel di Santiago di Compostela.

Dopo che ho riferito al sig. Briaton la tua scelta di non tornare in azienda, lui ha deciso con tutto il CdA del gruppo di assegnarti un premio, un premio alla tua onestà e integrità morale. In data odierna ti verranno bonificati trecentomila euro sul tuo conto corrente. Ho fatto avere anche questa lettera ai tuoi genitori.

Henry ti voglio bene, sei speciale, fai quello che vuoi veramente.

Un bacio, Maryan».

Rimasi in silenzio per qualche attimo, dovevo assorbire il colpo, anche se non era difficile farlo, ma a volte pure le belle notizie rischiano di farti cadere a terra, e questa era una di quelle. Mi appoggiai sul bracciolo del divanetto, davanti a me c'era Peter che si teneva la lettera stretta al petto. Be' non ci poteva essere benvenuto migliore, Santiago aveva fatto forse il miracolo, forse era stato lui, o forse no, ma cosa cambiava, niente... per fortuna non cambiava niente.

La cena fu sontuosa, non ci facemmo mancare nulla, bevemmo più del dovuto, era giusto così.

La mattina partimmo un po' più tardi rispetto all'ora stabilita e dopo cinque giorni arrivammo a Finisterre, l'oceano si scagliava sulla scogliera che lo respingeva e lo faceva schiumare, lo spettacolo era magnifico come quello che ritrae un cavallo indomabile, era proprio come ce lo eravamo immaginato, maestoso, immenso, era la visione più bella della fine del mondo.

Io e Peter ci abbracciammo di fronte a quelle onde impetuose, avevamo portato a termine la nostra avventura, soddisfatti sì, ma soprattutto tristi, perché sapevamo che era finita.

Fu allora che proposi a Peter di viaggiare insieme a me per il mondo, negli ultimi quindici giorni non avevo pensato che a questo, volevo vedere l'America del sud, l'Alaska, l'India, i misteri delle civiltà orientali e soprattutto l'Africa, quest'ultima era la meta che mi incuriosiva di più, la volevo fare per prima. Peter non si smentì, mi saltò al collo e mi diede un bacio in bocca, bocca chiusa si intende, era entusiasta, aveva già lo zaino pronto, non aveva problemi di denaro, e a casa non l'aspettava nessuno.

Tornammo a casa tramite autobus e treni, lui non ne aveva voglia, ma io dovevo farlo, dovevo dire ai miei quali erano le mie intenzioni, i miei piani per il futuro, lui non aveva questo problema purtroppo.

Nonostante il premio, nonostante fossi riuscito a riscattare il mio nome e la mia immagine, mio padre non era pienamente soddisfatto, lui non lo era mai del tutto. Anche se fossi stato il primo uomo a poggiare i piedi sulla luna, non sarebbe stato contento di me: «Ormai tanto che c'eri potevi andare su Marte!». Ma se fossi arrivato su Marte non sarebbe stato abbastanza. Questo ormai non mi turbava più, non faceva più male, dopo i racconti di Peter e della sua famiglia, la mia, per quanto imperfetta, mi sembrava la migliore che potessi avere. L'uomo si abitua a tutto, anche a quello che lo delude e che lo rende infelice. Avevo capito perché mio padre si comportava così con me, io ero tutto quello che avrebbe voluto essere lui, ma che non aveva mai avuto il coraggio di essere. Essere liberi non è facile, questo non deve essere mai confuso con l'atteggiamento degli scansafatiche o delle persone che non vogliono assumersi delle responsabilità, tutt'altro: chi decide di essere libero, decide di rispettare prima di tutto se stesso, è solo così che si riescono a rispettare gli altri. Per essere generosi, prima bisogna essere egoisti, sembra assurdo me ne rendo conto, ma è così.

Mia madre, invece, riusciva a uscire di casa senza abbassar più la testa quando incrociava i vicini, la notizia che non ero un drogato, ma che mi avevano drogato a mia insaputa aveva fatto il giro del quartiere più volte e le malelingue, appollaiate dietro le finestre in inverno e sulle panchine lungo le strade in primavera e in estate, avevano dovuto mordersela e rimangiarsi tutto quello che avevano vomitato su suo figlio e sulla sua famiglia. Questo la rendeva felice, si era presa la sua rivincita, non riusciva a crederci, ormai era rassegnata, ma la chiesa a cui si era raccomandata e confidata più volte l'aveva aiutata e, anche se non era così, lei pensava che lo fosse, nessuno le avrebbe potuto far cambiare idea.

A dire il vero, io non ci provai nemmeno per un secondo, ormai ero abituato che quando c'era un merito da prendersi era inutile che io mi mettessi in fila, perché tanto non sarei mai riuscito a prendermelo, nemmeno se fossi stato io il prima della fila.

Tutto questo ora non mi scalfiva più, anzi mi rendeva più forte, mi faceva capire che quello che avevo deciso era giusto, se non pensavo io a me stesso non ci avrebbe pensato nessuno, non potevo perdere altro tempo, ogni minuto passato non sarebbe più tornato e io volevo vivere il più possibile, vedere il più possibile e imparare il più possibile. Di sicuro il mio posto non era più a Dublino, non era più con la mia famiglia.

Maryan era un pensiero fisso, non passava giorno in cui non la pensassi, ma mi promisi di non chiamarla e in particolar modo di fare di tutto per non incontrarla, non dovevo farlo assolutamente, non potevo farlo, lei era l'unica vera droga che avevo assunto in vita mia, se l'avessi rivista avrebbe potuto minare i miei piani, i miei sogni e questo non lo potevo permettere nemmeno a lei, nemmeno alla donna di cui ero innamorato. Non potevo permettere che il nostro amore diventasse la mia prigione, anche perché, forse, se provavo questa sensazione non era amore, ma qualcos'altro a cui non sapevo dare un nome.

Sapevo cosa volevo, cosa era meglio per me, sapevo cosa mi avrebbe arricchito come persona, regalandomi una vita piena.

XXV

L'appuntamento era stato fissato per il 10 maggio all'aeroporto di Heathrow, nessuno dei due fece ritardo, Peter aveva un cappello a falda larga che avrebbe fatto impallidire qualsiasi donna, cappello da safari si intende. Arrivammo a Johannesburg, due giorni per acclimatarci, il terzo comprammo un vecchio fuoristrada e ci mettemmo subito in cammino. L'Africa è qualcosa di indescrivibile, la si può solo ammirare come degli spettatori al cospetto di uno spettacolo inscenato dai migliori attori che, come tali, non smettono mai di improvvisare, offrendo giorno dopo giorno qualcosa che è sempre diverso e che mozza il fiato. Eravamo inesperti e, a dire il vero, anche un po' presuntuosi, pensavamo di poterci muovere a nostro piacimento, la faccia tosta non ci mancava, ma non senza pagare pegno. Nei primi trenta giorni spaccammo quattro gomme e due cerchi, i meccanici improvvisati, che di volta in volta intervenivano in nostro aiuto, dapprima riparavano il danno da noi fatto, poi ci inveivano contro, anche se noi non capivamo il perché fino a quando non incontrammo Yamal, l'ultimo meccanico che ci sostituì la gomma e il cerchio destro, distrutti entrambi da Peter contro una roccia, mentre guadavamo un fiume di cui ignoravamo il nome. In sostanza tutti inveivano contro di noi perché ci stavano dicendo nella loro lingua di stare attenti, che era pericoloso scendere dall'auto in mezzo a un fiume o nella savana. Gli animali erano belli, anzi bellissimi, ma altrettanto pericolosi e l'unico modo per godere della loro bellezza era di rispettarli e questo poteva essere fatto non dimenticando chi eravamo noi e chi erano loro. Il fiume era il Save, infestato da coccodrilli che non aspettano altro che una preda poco accorta facesse una mossa falsa; noi eravamo scesi con i piedi in acqua, tranquilli come se fossimo nel parcheggio di un supermercato.

In tre mesi, nonostante la nostra inesperienza, avevamo percorso più di quattromila chilometri, il Sudafrica e lo Zimbabwe li avevamo girati in lungo e in largo, Peter era rimasto affascinato dalla gentilezza degli abitanti di quest'ultimo, oltre che dalla bellezza dei luoghi che definirli unici significava sminuirne la meraviglia. Il sorriso dei bambini che andavano a scuola non avremmo potuto mai cancellarlo dalla nostra mente, i loro occhi grandi e pieni di felicità sembravano bucarti da quanto era intenso il loro sguardo, erano sereni pur nell'estrema povertà, pur non avendo niente da ridere; in quei luoghi non c'era ipocrisia, mancava tutto ma ogni cosa era vera e sincera. Apprezzavano quello che avevano, apprezzavano la vita, non vi è maggior ricchezza che godere di quello che si ha, senza lamentarsi per quello che si sarebbe potuto avere. Vivere il momento, vivere la vita che ti è stata regalata. Vivere.

Altri ottomila chilometri tra Botswana, Zambia, Namibia e Tanzania.

Durante le tante ore di macchina, il sudore, le mosche insieme alla polvere non ci abbandonavano mai, ma non rappresentavano un problema, anzi, erano un accessorio che impreziosiva il nostro viaggio, che cambiava metro dopo metro, offrendoci uno spettacolo sempre nuovo e sempre diverso.

Io, più di una volta, mi assentai, questo succedeva soprattutto quando guidava Peter, il mio sguardo non seguiva più le meraviglie che il paesaggio offriva a ogni respiro, spesso i miei occhi erano fissi e la mia mente vagava da un'altra parte. La spiccata sensibilità di Peter non ci mise molto a notare quanto stava succedendo e da persona diretta quale era non ci girò intorno: «Stai pensando a Maryan, ti manca? Vuoi tornare da lei?»

Io non sempre gli rispondevo, ma Peter non era uno che si rassegnava facilmente: «Henry, non devi starci male, posso capirti, è una bellissima donna che farebbe girare la testa a qualsiasi uomo».

«Sto pensando a Nigiel» risposi in modo sornione.

Peter fu sorpreso.

«Lui riapparirà, non so dove e non so quando, ma lo farà».

«Secondo me non lo rivedrai mai più, sarà troppo impegnato a vivere una vita in fuga».

«Peter, quando meno me lo aspetterò, in chissà quale parte del mondo, lui mi troverà».

«Secondo me si nasconderà per il resto della vita, guardandosi sempre le spalle con la paura che qualcuno lo riconosca e lo arresti».

«Peter, si vede che non lo conosci, Nigiel non ha paura di nessuno...»

Un gruppo di elefanti attraversò la strada, Peter riuscì a frenare appena in tempo, un incidente con un elefante non era consigliabile. Ancora una volta l'Africa aveva fatto il miracolo scacciando lo spettro di Nigiel.

In Botswana, le cascate Vittoria ci lasciarono senza fiato, le avevamo ammirate anche dal lato dello Zambia e dello Zimbabwe ma non eravamo rimasti così impressionati, ora capivamo perché gli indigeni, nella loro lingua Tonka, le chiamavano "Mosy Oa Tunia" ovvero "il fumo che tuona" e il tuono che emettevano era veramente qualcosa di poderoso; potevamo ammirare tutto il fronte delle cascate che misurava più di un chilometro e mezzo, e la loro altezza, di circa centotrenta metri, ci lasciò impietriti di fronte a cosa era riuscita a creare la natura, di fronte a qualcosa che non sembrava reale per quanto era bella. L'arcobaleno, prodotto dagli spruzzi, nasceva mille volte all'orizzonte, e le lacrime solcavano il viso di Peter che guardava le cascate assorto nei suoi pensieri. Una cascata nella cascata.

Il silenzio di quegli interminabili momenti fece più rumore dell'immensa migrazione di animali a cui assistemmo sugli altopiani in Tanzania, era un silenzio roboante. Un silenzio che la sapeva lunga, troppa lunga.

Forse non era così cruento come vedere le zebre e gli gnu gettarsi tra le fauci di coccodrilli immensi, lunghi più di cinque metri, uno spettacolo selvaggio, violento e allo stesso tempo affascinante, che gli animali offrivano anno dopo anno per cercare l'acqua e nuovi pascoli. Sfidavano di continuo la morte per sopravvivere, anche questo per quanto assurdo e macabro sembrava l'ennesimo insegnamento che ci veniva impartito: per vivere valeva la pena rischiare di morire.

Peter da quel giorno non era stato più lo stesso e non potevano essere state le cascate a ridurlo così; un'emozione, per quanto forte possa essere, non può spegnerti un po' alla volta come stava succedendo a lui, sembrava una candela che si stava consumando inesorabilmente.

Io feci finta di niente, non volevo si accorgesse che avevo capito che c'era qualcosa che non andava, che avevo notato che era sempre più debole. Negli spostamenti in auto, si addormentava subito e rimaneva nel limbo del dormiveglia per l'intero tragitto, apriva gli occhi solo quando prendevo una buca o urtavo un masso. Era evidente che la situazione non era bella, ma non avevo la minima idea di ciò che avrei scoperto.

In Zambia, Peter peggiorò, incominciò a star male veramente, si stancava facilmente, anche solo per parlare, era debole, troppo debole, pensai avesse contratto la malaria o la febbre gialla, ma niente di tutto ciò; mi disse, senza girarci troppo intorno, non sapeva parlare in altro modo, non era nel suo stile, che era alla fine del suo viaggio, stava morendo, prima di intraprendere il Cammino di Santiago, i dottori gli avevano dato un anno di vita, in perfetto stile british non si fece sfuggire una battuta: «Evidentemente avranno sbagliato di qualche mese...»

Ero arrabbiatissimo con lui, non mi aveva detto niente, non riuscivo a darmi pace, volevo spaccare tutto, mi prese una crisi di pianto che non riuscivo ad arrestare, lui si tirò su dalla brandina, mi abbracciò e mi pregò: «Non mi portare a casa, voglio proseguire il viaggio e come ultima cosa voglio vedere i gorilla in Uganda, voglio morire là, per favore Henry, seppelliscimi lì, in mezzo a loro».

«Ma che cazzo dici?! Avranno sbagliato di qualche mese? Seppelliscimi là in mezzo a loro? Ma cosa ti dice il cervello, dimmi che è uno stupido scherzo del cazzo, dimmelo!»

Da buon irlandese, continuai a sbraitare e a prendere a calci tutto quello che mi capitava a tiro, non ero di certo un violento, ma nelle mie vene scorreva il sangue infuocato di un popolo indomabile, arrendersi non rientrava nel mio carattere, e alla Galaxya l'avevo dimostrato a tutti, ma questa volta la battaglia era davvero impari.

Aspettai qualche giorno, ma Peter non migliorava, anzi, peggiorava con una velocità impressionante. Anche se mal volentieri, dovetti accontentarlo: modificai il fuoristrada, tolsi il sedile del passeggero e ancorai alla meglio la sua brandina, il viaggio era lungo, il caldo, se possibile, lo sfinava ancora di più di quanto non lo fosse già, non mangiava praticamente niente, beveva quel minimo che gli serviva per bagnare le labbra e poco più, la destinazione era lontana, tanto lontana da sembrare irraggiungibile. Ma il tempo corre in fretta quando non ne hai, e alla fine arrivammo, tre giorni di viaggio interminabili; dormivo quattro ore per notte, per il resto guidavo e pregavo, pregavo che il nostro fuoristrada non si rompesse, lo stavamo mettendo a dura prova, e se ci avesse abbandonato non avrei saputo più cosa fare.

Ma Dio c'è ed evidentemente aveva rivolto il suo sguardo su di noi; quel catorcio si comportò come un carro armato inarrestabile e ci condusse fino alla meta tanto desiderata da Peter.

Una volta in Uganda, mi misi subito a montare la nostra tenda e lo feci riposare, mentre dormiva, nonostante non riuscissi nemmeno a camminare per quanto ero stanco, andai da uno dei ranger che stava nei pressi della sbarra che delimitava l'ingresso al parco per farmi consigliare una guida, non una guida qualsiasi, ma "la guida", volevo che Peter avesse il meglio, lo volevo portare talmente vicino a quei dannati gorilla da poterlo far sedere in mezzo a loro. Presi la più esperta, volevo ottimizzare i tempi, dato che non ne avevamo da perdere.

L'indomani saremmo partiti alle quattro e mezza del mattino, avevo ancora qualche ora per riposarmi e per preparare un aggeggio, non sapevo nemmeno io bene cosa, che potesse rendere un po' più confortevole la scarpinata che avremmo dovuto affrontare. Avrei tanto voluto parlare con lui, ma non aveva fiato da sprecare, il suo respiro era corto e affannato, ogni respiro poteva essere l'ultimo. Presi una sedia di legno e le tagliai le gambe, con le cinghie che usavamo per bloccare le nostre casse con i viveri e gli attrezzi, ci feci due bretelle resistenti, il carico che avevo era fragile e importante, non potevo rischiare di farlo cadere a terra. Mentre preparavo la sua sedia, non smisi mai di piangere, un pianto lento e silenzioso, non volevo svegliarlo, non volevo che si accorgesse di quanto stavo soffrendo, ma anche se non mi sentiva e non mi vedeva ero consapevole che lo sapeva, lui mi conosceva meglio di chiunque altro, lui mi voleva bene, lui era il mio amico.

L'alba non si fece attendere e arrivò dritta verso di noi come una lancia scagliata da un guerriero masai; imbracai quella stramaledetta sedia e ci feci sedere Peter, lui mi avrebbe guardato le spalle, mentre io seguivo la guida, non riusciva più a camminare, e l'unico modo per farlo arrampicare era portarlo sulle mie spalle, sempre insieme fino all'ultimo, passo dopo passo.

Vedemmo i Gorilla di montagna, ne vedemmo ben quattordici, erano potenti, grandi, bellissimi, Peter era attratto soprattutto dai piccolini, ce n'erano tre, ci avvicinammo il più possibile, la guida ci disse che, normalmente, si allontanavano dagli uomini, invece, quella volta rimasero tutti lì. All'improvviso fummo sopresi da un Silverback, il maschio dominante del gruppo, la guida ci spiegò che si chiamano così perché quando diventano adulti la schiena assume un color argento; il gorilla si era avvicinato troppo, era pericoloso, ma ormai era tardi, era a non più di un metro da Peter e la guida mi sussurrò di non fare una mossa. Peter e il gorilla si fissarono negli occhi per pochi interminabili secondi, ma per me fu un'eternità, in cui pareva che si parlassero senza dire niente, quell'animale l'avrebbe, ci avrebbe, potuti uccidere senza sforzarsi più di tanto, ma non lo fece, sembrava che avesse capito tutto, sfiorò con il dorso della sua mano il piede ciondolante di Peter, l'ultimo saluto, dopo di che il gorilla sparì nella foresta e con lui tutti i componenti del branco.

Ritornammo al campo, ero sfinito, Peter era felice, non smetteva più di parlare, gli urlai di star zitto e crollai stremato sulla brandina.

Fu l'ultima volta che parlai con lui, al mio risveglio Peter era morto, aveva un'espressione felice in volto, se ne era andato come voleva lui, senza fare rumore, vivendo e non sopravvivendo fino all'ultimo secondo di vita che gli era stato regalato. Io non avrei più avuto con me il mio amico, nessuno con cui battibeccare, nessuno con cui arrabbiarmi, nessuno, maledetto me, nessuno, nessuno...

Le ultime parole che ci scambiammo erano il suo continuo vociare e le mie grida per farlo star zitto, ci eravamo incontrati così e ci eravamo lasciati allo stesso modo.

Lo seppellii nel luogo in cui avrebbe voluto lui, vicino a un corso d'acqua dove i gorilla si abbeveravano quotidianamente, piansi per tutto il tempo, non riuscivo ad arrestare le mie lacrime, mi mancava il mio amico, la mia metà che mi completava e migliorava giorno dopo giorno.

Gli dovevo tanto, mi aveva insegnato molto.

Mi presi una notte di tempo per decidere cosa fare, se continuare a viaggiare o tornarmene a casa, ora ero solo, maledettamente solo.

La mattina seguente mi misi alla guida del nostro fuoristrada, la decisione era presa, non sarei mai più tornato a casa, io non lo volevo, Peter non l'avrebbe mai voluto.

Ero libero, con una gran voglia di vivere, di conoscere e di imparare.

E allora via senza pensarci... via via via.

Ringraziamenti

Ringrazio tutte le persone che ho finora conosciuto, le quali mi hanno arricchito e svegliato da un torpore insito nelle persone per bene. Ringrazio ancor di più tutti coloro che conoscerò in futuro, loro faranno sì che la mia curiosità non si spenga mai.

Un ringraziamento speciale va alla persona più sincera e più critica nei miei confronti, mia moglie Nadia, la prima a leggere la bozza di questo libro, la prima a credere sempre in me.

Indice